デジタル人民元

紅いチャイナのマネー覇権構想

中川コージ

ワニブックス
|PLUS|新書

はじめに

チャイナの世界革命、「備えあれば患いなし」

本書はチャイナ（中国）の世界革命に備えるための防災提言です。

大きな変革はやってくるかもしれないし、やってこないかもしれない。しかしいずれにしろ、「備えあれば患いなし」です。

すでに国際社会では、日本人にとっても対岸の火事ではいられない、米国とチャイナの二匹のジャイアンの闘いが各所で始まっています。静かに蹴り合うときもあるし、実質パンチを伴わないのに鬼の形相でツバを飛ばしながら罵り合う宣伝戦をやったりもします。

そんな米中対立劇場の中で、僕ら（日本国と日本人）はしばらく生きていかなければなりませんが、本書はその〝防災〟の一環として、特に米中のマネー覇権について着目し、あまたあるチャイナのマネー覇権への道の中でも、まだまだベールに包まれた〝隠しウェポン〟である「デジタル人民元（ＤＣＥＰ）」について解説しています。

マネーのパワーは、経済力や軍事力などあらゆる国力を大きく規定します。そのため、米ドルを中心としたこれまでのマネー覇権にチャイナがチャレンジすることは世界革命そのものです。今日び革命なんて起こるわけない、などと思うなかれ。チャイナが企図しているのは、資本主義を喰らって取り込んでしまった中国共産党による、〝経済を武器にした紅い革命〟そのものです。新しい革命様式はマイルドに、しかし強《したた》かに、見えないサイバー領域からも徐々に進んでいくのです。

世界革命という激甚災害で被災しないように、事前に頭を使って準備しておかなければなりませんし、そのためには現状やチャイナの狙いをしっかり把握する必要があります。

本書は防災提言であると同時に、米中対立コンテクストにおけるマネー覇権、人民元基軸通貨化（国際通貨化）、デジタル人民元をキーワードとした、政治思想と戦略書である、という側面もあります。そして「中国のデジタル法定通貨、デジタル人民元なんてうまくいきっこない。中国国内で使われて、それで終わりなんじゃないの？」「あんな独裁国家のデジタル通貨を、他の国の誰が使うの？」といった「チャイナは独裁国家だから○○ができない」といった、日本で頻繁に聞かれる〝チャイナ侮《あなど》り論〟に警鐘を鳴らすものでもあります。

デジタル人民元は、チャイナが目指す世界覇権、その一部であるマネー覇権を制するための具体策として位置づけられます。デジタル人民元が「道具」となり、人民元の国際通貨化、さらには人民元の基軸通貨化を実現し、マネー覇権に手を伸ばす。その手段を本書では「ステルス分散型統合作戦」と題しています。

のちほど詳しく説明していきますが、チャイナは人民元クロスボーダー決済システム（CIPS）、デジタル人民元、実務決済意を伴う貿易商圏（RCEPなど）、一帯一路などの国際インフラ建設協定決済、金融産業と金融都市の国際化、諸外国のオンライン銀行、そしてBSN（Blockchain-based Service Network）など、複数のマネー政策に関わる作戦コンボによって、マネー覇権をうかがう戦略を進めています。

これらをバラバラに捉えるのではなく、その複数の政策の後ろにチャイナ、党としての統一的な意思があることを指摘し、解説するのが本書のキモと言えるでしょう。

僕自身は「組織戦略を科学的に分析するオタクのマッドサイエンティスト」ですが、デジタル人民元で使われるシステムに関する技術の専門家ではありません。そのため、難解な通信技術などの話題には踏み込んでいません。

「デジタル人民元」といっても、その仕組みではなく、チャイナの世界戦略上、どういう狙いがあり、現在どこまで展開しているのかについて解説しています。二〇二一年三月執筆時点での仕様と最新情報をなるべく間違いないように丁寧に調べたつもりです。

また、僕が執筆する際には、表記上の統一自分ルールとして、日本国や我々日本人が対峙する、組織境界を意図的に定義しない競争対象の枠組みを「チャイナ」と表現しています。それ以外に明確な組織対象として、国家としての中華人民共和国や政党としての中国共産党などが登場し、一部の例外を除いて中国共産党を「党」と表現しています。

中国共産党「紅い組織の党構造」の基礎知識

さて、その「党」ですが、チャイナについて何を語るにしてもまずは我々と「異質」な社会構造を理解しておく必要があります。そのため、前提としてここで簡単にまとめておきます。

チャイナには約九千万人強の中国共産党員（以下、「党員」。二〇一九年末時点で党員は約九千百九十一万四千人）がいます。凡《およ》そ五年ごとに全国の各党組織から形式的に選出された全国代表大会代表（党員）によって「中国共産党全国代表大会」が開催されます。

この党大会で形式的に選出される中央委員を第〇〇期党中央委員と称し、現在は二〇一七年十月十八日に開催された第十九期中国共産党全国代表大会（中共十九大）中央委員二百四名が党の「すべて」を支配しています。そしてこの中央委員が次（約五年後）の全国代表大会を招集（差配）することになりますので、ルールメーカーとしての権力が硬直的にグルグルと時系列的に継承されていきます。

中央委員の下には中央委員会候補委員百七十二名と、中央紀律検査委員会委員百三十三名が大会選出されます。これらを足し合わせた約五百名が「北京中央」という党上層部を構築するシステムと捉えていただけるといいと思います。

チャイナ・パワーセブンと、オンリーワンの習近平

党中央委員二百四名の内、上位二十五名が中央政治局委員というポジション名で党の指導的立場、党指導部として最高レベルの政治を取り仕切ります。さらに、中央政治局委員二十五名の内、上位七名が中央政治局常務委員として所謂「最高指導部」、チャイナ・パワーセブンとして君臨します。

明確にナンバー1からナンバー7まで序列が決まっている最高指導部の内でトップに立つのが、現在の党総書記たる習近平《シージンピン》氏ということになります。その背後に蠢《うごめ》く裏権力の長老らの話は本書ではカットしますが、党内の上下序列構造（並列ではない絶対的な上下関

係）は非常に重要であって、チャイナのすべてと言っても過言ではありません。

チャイナでは、このピラミッド構造の党が中華人民共和国の最高権力機関である「全国人民代表大会（略称は『全人大』。日本語では『全人代』）」を「指導」します（中華人民共和国憲法第一条のプロレタリア独裁の宣言から直接的に演繹）。チャイナは日本のような三権分立ではありません。司法、行政、紀律監察のトップも任免できて、改憲も可能な立法府の全人代という国家機関に国家の力がすべて集約されています。

そのため、全人代をさらに上の立場から「指導」する党が実質的に圧倒的なパワーを掌握していることになります。党があらゆる国家権力を牛耳ることができる構造、というわけです。

完全な党内序列に基づく意思決定メカニズム

それでは党自体のパワーバランスはどうなっているのかというと、党内部の意思決定メカニズムは上意下達です。総書記を頂点としたピラミッド型の党内意思決定を規定する「民主集中制」が中華人民共和国憲法（第三条）に明記されていることから、チャイナの政治権力はすべて党最高指導部に集中していることになります。

地方党組織よりも北京中央党組織が上で、中央委員候補委員よりも中央委員が上、中央委員の中でも中央政治局委員が上、中央政治局委員の中でも中央政治局常務委員が上、中央政治局常務委員の中でも総書記が上という完全な党内（組織）序列に基づいた意思決定メカニズムになります。

チャイナは、党、国家、軍の三組織で動いていると大枠で捉えてください。一般的に、国家のもとに政党や軍がありますが、チャイナの場合は、党のもとに国家と軍が位置づけられます。

ビジネス組織風にこれらの概念を例えると、党が「ホールディングス（持株会社）」でその下に国家と軍という別々の「事業会社」を持っているような構造です。国家の中に政党や軍がある、という我々の常識的な構造とは別構造である、という認識を持っていただければいいでしょう。

我々のような所謂「自由と民主」を掲げる国家の構造とは根本的に異なります。党が国家と軍を間接的に所有し、実質的に支配しているという「指導」関係の構造になっています（詳しくは、チャイナの党、軍、および国家に関する指導メカニズムや、日本との対照比較をドッサリと記した拙著『巨大中国を動かす紅い方程式』（徳間書店）をご参照ください）。

　ではさっそく、こうした構造を持つチャイナが狙う「人民元基軸化構想・ステルス分散型統合作戦」について見ていきましょう。

第一章　米中対立とマネー覇権のゆくえ……45

第二章 基軸通貨化統合作戦とデジタル人民元 …… 73

第五章 「人民元決済圏」としての一帯一路

第六章　チャイナが夢想する「人類運命共同体構想」

終章　日本はこのゲームをどう戦うか

序章

デジタル人民元推進、その日は突然やってきた

歴史的大転換となるチャイナの学習会

二〇一九年十月二十四日木曜日、午後、小雨の降る中華人民共和国北京市で、第十九期中国共産党中央政治局第十八回集団学習会が開かれました。チャイ語（中国語）では「集体学習」と表記されますが、日本語でもチャイ語でも単語としての意味はさほど変わらない「学習」の場です。

テーマは「ブロックチェーン技術の発展現状と趨勢」。党指導部の主要メンバー二十五名が参画するしっぽりとした学習会（以下、本学習会）が、全地球規模の覇権に関わる歴史的転換の重要な一ページとなる可能性を秘めていました。本当に当日に開かれたのかは誰にもわからない。映像は流れているけれども、それが二〇一九年十月二十四日のものかは不明、という本学習会ですが、これが実は大きな意味を持っていました。

本学習会では、浙江大学教授で中国工程院院士（中国科学院や中国工程院などのアカデミー会員。チャイナの科学者の中でも名実ともにトップレベルの名誉ある立場で、中国全土あわせても一千六百名程度しかいない）の陳純《チェンジュン》氏がブロックチェーン技術を解説し、中央政治局委員らと意見交換した、と公式発表されています。

本学習会翌日二十五日の新華社報道、つまり党の公式発表によれば、習近平総書記が次のように述べたとされています。

「ブロックチェーン技術の統合応用は、新たな技術革新と産業変革に重要な作用をもたらす。我々はブロックチェーン技術をイノベーションの重要なブレークスルーとして位置づけ、主たる方向性を明確にして投資を拡大し、キーテクノロジーを攻略し、ブロックチェーン技術と産業イノベーション発展の推進を加速すべきである」

実際に言ったのかどうかは最早どうでもよい話で、つまりこれは「ブロックチェーン技術を進めろ、カネは出す、産業を変えろ」という法律以上・憲法同等レベルの、総書記からの鶴の一声があったという解釈でよいでしょう。

同報道発表において、具体的にフィンテック、ＩｏＴ、スマート製造、サプライチェーンマネジメント、デジタル資産取引（チャイ語で「数字資産交易」）といった様々な領域にブロックチェーン技術を応用すべきである、という具体例が挙げられています。

この発表を受けて、同日ビットコイン価格が一気に上昇した局面がありましたが、そこにはビットコイン取引参加者の誤解が多分に含まれていたように思われます。この「デジタル資産取引」という言葉の解釈がまさに本書で扱うデジタル法定通貨決済やデジタル知財取引に関わってきます。

チャイナ内でもビットコイン等は仮想通貨（正式には「暗号資産」。または「暗号通貨」とも呼ばれますが、本書では俗称として知名度のある仮想通貨という単語で統一）と呼ばれ、一般的な認知度も高くなっています。ところが本学習会による公式発表で使われた単語はあくまでも「デジタル資産」でした。同日時点では、このことが何を意味するのか不明であったために、（仮想通貨市場参加者が、チャイナ当局は何らかの形で仮想通貨を公式採用すると誤解して）ビットコイン価格上昇に影響したにすぎません。

新華社習近平談話報道のさらに翌日にあたる二〇一九年十月二十六日から、チャイナ各機関は堰を切ったように動き出し、矢継ぎ早の関連政策を発表しました。

これにより、習近平談話の「デジタル資産」とは仮想通貨のみを指すのではなく、デジタル化されたあらゆる資産・権利取引および、中華人民共和国の法定通貨である人民元のデジタル化、デジタル人民元（ＤＣＥＰ＝Digital Currency/Electronic Payment）の「急速実装」という壮大な野望を含んでいることを、世界が突然知ることになったのです。

発表時には準備完了、チャイナの政策パッケージ

「集体学習」とは、もともとは胡錦濤《フージンタオ》（前党総書記）によって提起され、制度化されたものです。開催の動機については「マルクス主義中国化の最新成果による党の（理論）武装」というまがまがしい大義が掲げられていますが、日本の常識的な言葉で言い換えれば、「自然科学・社会科学・人文科学などあらゆる研究成果を国家トップレベルの政策実務に持ち込みましょう」というものと捉えていいでしょう。

チャイナでは党上層部の会議はいつでもそうであるように、集体学習も完全非公開という〝紅いユニーク設定〟であるため、本当に開かれたのかどうかも、実際は不明です。実際の出席者、発言内容、いずれも真相は不明ですが、チャイナでは「そういう内容が議論された」と報じられた以上、それが事実であるという前提で進んでいきます。現代チャイナでは、党の意思によって、歴史は創られていくものです。

集体学習の月イチペースでの開催は、胡錦濤指導部から現在の習近平指導部まで機能し、継承されています。チャイナの社会構造を踏まえると、中央政治局委員の集団学習会とは、その内容が今後の国家運営に直接関わるものであると言えます。

日本の内閣府に設置されている経済財政諮問会議や、総合科学技術・イノベーション会議などの諮問会議であれば、統治機構上の所属はあくまでも政府内（行政府）で、内閣総理大臣をサポートする目的で民間からの知識を借りて政策指針を検討する場です。ましてや立法する権限はありません。チャイナの場合はそうではありません。日本のような国会での与野党対立なども皆無ですから、党指導部の意思は国家の意思として即時決定されます。

集体学習の内容は、北京中央から各地方政府、国家メディア、大学、大手企業などあらゆる場所に入り込む党組織（革命細胞）へと伝播され、実務的に解釈されていきます。形式的には、全人代（国務院）や司法部門へとブレークダウンされ、法律化や行政命令が下されることになります。

表向きには先に集体学習が行われ、その時点から政策議論されているように見えますが、実際はその逆。すでに遥か以前から、裏では政策議論・研究や法制化など実務的に動いておいて、公に出す直前に集体学習をやった、という体裁をつくっているのが実態です。「素晴らしく優秀な党中央政治局委員の卓抜した指導」の下で動き出す政策である、というプロパガンダとしてキレイなストーリーに仕立てるための、演出装置としての集体学習。

そうした現代チャイナの政治メカニズムを背景にすれば、二〇一九年十月の第十九期第十八回集体学習が突然発表されたときには、いつもの通り、当該領域の国家戦略ならびにほとんどの関連政策パッケージが整っていたことは間違いありません。

アメリカの首都で起きていた仮想通貨騒動

ではなぜ、二〇一九年十月下旬というタイミングで、北京は動いたのでしょうか。偶然の一致なのか、仕組まれたものなのか、実際のところはわかりませんが、以下に見るように、何らかの意思を勘繰りたくなる絶妙なタイミングだったことは間違いありません。

総合的なブロックチェーン技術とデジタル資産取引がテーマとされた本学習会のわずか半日ほど前、北京時間十月二十三日夜から十月二十四日未明にかけて、北京から遠く一万一千キロ離れた米国ワシントンD.C.では、一足早く米国下院住宅金融サービス委員会で仮想通貨の話題が紛糾していました。フェイスブック（Facebook）社のマーク・ザッカーバーグCEOが、同委員会による六時間もの長時間にわたる公聴会に臨んでいたのです。

同公聴会では、ビットコインなどとは一線を画した価値の安定性が期待される「ステーブルコイン」と呼ばれる仮想通貨「リブラ（Libra）」の発行について、ザッカーバーグ氏は詰問を受けることになりました。

リブラは、「米ドルとリンクしたステーブルコイン。同社傘下のインスタントメッセージアプリWhatsAPP上で送金可能でインドの送金市場が重要なターゲット（二〇一八年十二月、ブルームバーグ）」と最初に報じられると、すぐに世界的な話題となりました。末端ユーザーに直接アクセスできる巨大なＳＮＳを有するフェイスブックが送金・決済の独自サービスをリリースすれば、瞬く間に「通貨」たる高い信用力を得てしまう可能性さえあります。

公聴会時点では、米ドルなどいくつかの法定通貨を担保（信用）とする通貨バスケット方式を採用するとされていました。家族友人に対してであっても、ショッピングであっても、フェイスブック上の相手とやりとりしてパパッとその場で国際送金までできてしまうというのは、想像するだけでも便利ですよね。でも、これはあくまで消費者・ユーザー目線でのお話。別方向から眺めれば、リブラは利便性を高めるイノベーターであると同時に、既存の法定通貨を基盤に構築された金融サービスを根底から破壊するクラッシャーでもあります。

つまり、リブラは米ドル体制への殴り込みだったのです。

国家を超える仮想通貨の登場を懸念していたチャイナ

チャイナにおいてもリブラの登場は注目度が高い案件でした。

実は本学習会前の二〇一九年初めから二〇一九年九月までの間、リブラについて、チャイナの中央銀行である中国人民銀行や国家経済シンクタンクの最高レベルの高官らが度々メディアで言及しています。その内容からすると、チャイナ側もリブラが本気で使われるようになったらマズイと思っていたようです。

中国人民銀行研究局局長の王信《ワンシン》氏は、リブラがクロスボーダー決済分野（後述）で大きく発展する見込みが立てば、各国の貨幣政策、金融の安定性、国際通貨体系に重大な影響を与える可能性があると指摘しています。王信氏はリブラなどの仮想通貨をめぐる問題の対処法に関し、①中央銀行によるデジタル通貨発行の加速、②各国政府が民間機関によるステーブルコインの発行を支持、③ＩＭＦ（国際通貨基金）による超主権的なデジタル通貨の発行という三つのシナリオを挙げています。

元中国人民銀行トップ（行長）の周小川《ヂョウシャオチュアン》氏は、こう発言しています。

「リブラが成功するかについては不明だが、より好ましく、より安定的で、より効率の高いデジタル通貨に取って代わられる可能性はあるだろう。しかし、将来的にはより強力な国際通貨が現れ、それが既存の主権通貨との間に兌換《だかん》関係を生む可能性だってある。そうなれば世界の主要な流動通貨になる可能性も否定できない」

さらに、社会科学院国際金融研究室主任の劉東民《リュウドンミン》氏は「リブラはドルの覇権を維持、強化するものではなく、逆だ」と語っています（それぞれ『中国新聞週刊』より）。

デジタル人民元の社会実装を急いだ党指導部の思惑

本学習会より前の期間のチャイナの経済金融系高官リブラ関連発言を総合的に俯瞰すれば、ビットコインやリブラのような〝野良仮想通貨〟（ステーブルコインも含む）は、法定通貨の存在を脅かし、通貨政策に不安定化をもたらす「悪しきモノ・混沌を生むモノ」である、という論理的な危機意識が念頭にあったようです。

チャイナのイデオロギーや政治体制に特有の問題としての「チャイナだけにとっての悪しきモノ」ということではなく、どこの国家でも同じだけの、通貨政策に対する悪影響があるモノである、という学識上の認識です。野良仮想通貨は、チャイナにとっての悪しきモノではなく、全世界が直面する悪しきモノであると考えたようです。

そして、その勃興しつつある野良仮想通貨という「混沌」に対峙するため、自国を防衛するという観点から、他国とは異なった独特なチャイナ当局の舵取りが語られるようになったのでしょう。

つまり、チャイナは「野良仮想通貨は自由な国家において勝手に発生してしまい、各国はそれに対してコントロール不能であるようだ。ならば、我々は独自にその侵入を防がねばならない」と方針を定めたのです。「リーマンショックの源流は自由主義の国々で発生し混乱を撒いたのだけれども、チャイナだけは独自モデルでその混沌を回避した」、というのと同じロジックで、野良仮想通貨を認識していると見ていいでしょう。

王信氏の挙げる多国間協調の解である「③ＩＭＦによる超主権デジタル通貨」の達成は最も可能性が低そうでしたし、チャイナはリスク回避として現状の野良コイン勃興を静観せずに、「野良コイン＝敵」と認識して、「①中央銀行によるデジタル通貨発行の加速」を目指すという姿勢がじわりじわりと垣間見えていました。

「②各国政府が支持する民間ステーブルコイン」や③になってしまったらチャイナの自前の中央集権的統制が利かなくなるので、だったら①をやるしかないという消去法的な選択だったとも言えます。

片や、劉東民氏は「各国政府や国際金融機関との交渉に長い期間を要するリブラが、実際に日の目を見るのは簡単ではなく、中国にはデジタル通貨の研究を進める十分な時間的余裕がある」との認識を示していることから、本学習会前の時点では、経済金融系高官らはデジタル人民元についてそこまでスピードアップして社会実装させる認識はなかったようなのです。

本学習会前の経済金融系高官らの意思としては、それまで着実に研究を進めてきたデジタル人民元を実現するという選択は、すでになされてはいたものの、おそらく彼らはゆったりと進めていこうと思っていたようです。しかし集団学習会前後で党指導部ないしは最高指導部レベルが、対米対立のコンテクストも織り交ぜて「政治判断」としてデジタル人民元社会実装の急進を決定した――僕はそう分析しました。

リブラへのリンチ行為をチャイナはどう受け取ったか

話を米国議会公聴会に戻します。ザッカーバーグ氏は、リブラによるデジタル送金コスト低減等の便益を強調し、既存の金融業界がイノベーティブでないことを批判しました。

さらに、「我々が動かねば他国は動いていくだろう、チャイナが数カ月のうちに同じようなアイディアをやってくるだろう」と警鐘を鳴らしていました。

一方、質問する約六十名の議員側は、リブラそのものの問題点もさることながら、フェイスブック社の過去の問題ある振る舞いについて重箱の隅をつついて突き上げる様子。公聴会の両サイドの応酬は、米国社会（既得権益）が新進気鋭のリブラの登場を袋叩きにした縮図として伝えられました。ザッカーバーグ氏も必死で回答しましたが、ボッコボコにリンチを加えられているようでした。

金融業界に挑戦する新興勢力のフェイスブックらのネット企業に対して、米国政治とその後ろに控える金融業界が結託して巨大なハンマーが振り下ろされた。まさにそんなイメージです。

ちなみに、リブラは二〇二〇年十二月に「ディエム（Diem）」に名称変更しました。二〇二一年二月現在、まだローンチ・発行されていませんが、通貨バスケットではなく米ドルに連動した仮想通貨として春頃に発行されると公式にアナウンスされています。

現時点での発表を勘案すると、既存の法定通貨や国際金融システムへの殴り込みモードから、デジタル米ドルという水戸のご老公を支える〝助さん格さん〟の立場に大きく舵を切って、既得権益と友好的にローンチするモードへと戦略転換した気配ではあります。

今から振り返れば、この米国公聴会リンチの様子は、本学習会があったとされる当日に北京中央が受け取った重要なメッセージになったはずです。北京側は、米国政治は民間の保守的な伝統産業と、革新性を持った新興産業のパワーバランス調整に苦慮しているようだ……というイメージを抱いたでしょう。憶測にすぎませんが、習近平指導部がデジタル人民元実装のスピード感を増すような学習会の空気になった可能性は十分にあります。

ペンス副大統領「中国批判演説」への報復

リブラ公聴会案件と並んで、もうひとつタイミングが重なった興味深いストーリーがあります。二〇一九年十月二十四日の本学習会の後から二十五日の新華社報道の前、つまり北京時間二十四日二十三時から深夜（米国東部夏時間では二〇一九年十月二十四日、十一時から十二時）にかけて、米国のシンクタンク・ウィルソンセンターでは米国からチャイナへの毎年恒例の「上から目線お説教タイム」が開かれていました。ペンス副大統領の対チャイナ政策演説です。

その一年ほど前の二〇一八年十月にも、ペンス副大統領は米国トランプ政権と足並みを揃えるようになった保守系シンクタンクのハドソン研究所で対中強硬路線の演説を行い、

「チャイナはプロパガンダばかりで悪の帝国だ！　グーグルはチャイナなんぞと組んではいかん！　チャイナは民主主義の敵だ‼」などと強く断罪していました。流石米国様です。

まさに米ソ冷戦の第2シーズンとして米中新冷戦が始まるのではないか、かつて英国のチャーチル元首相が行い、米ソ冷戦の幕開けとなった鉄のカーテン演説を髣髴する、新しい時代の「鉄のカーテン演説」に、ワクワク、もとい、ゾクゾクさせられたものでした。

二〇一九年十月のお説教演説は若干民主党カラーのあるウィルソンセンターだったためなのか、対チャイナ強硬お説教トーンは下がった、と概ね評されます。しかしそれでも党体制の欺瞞と国際的なルールや慣習に従っていないこと、人権弾圧問題を取り上げてペンス氏はチャイナについて烈火のごとくディスりましたし、チャイナ市場に依拠する米国自国資本の多国籍企業を批判するなど、民間に対してもブチ切れる米国政治のジャイアンっぷりは健在でした。

これは強く国際社会に向けて発信されたメッセージでもありますので、チャイナ（を支配する党）のメンツを強力に潰すことになります。

党にとってメンツを叩かれるのは、（主として国内向けの）党の存在自体の正統性を揺るがすものですから、メンツを潰されることに対しては「国家益に反してでも（党益を守るために）、人民に犠牲が出ようとも」、反論の上、報復を実行します。

日本で言えば、党メンツ毀損≒内閣支持率が著しく低下するようなものなので、北京中央はメンツの低下に敏感に反応し、すぐさま防ごうとします。これは感情論ではなく、「普通民主選挙」という権威評価システムを持たないチャイナに組み込まれた反応プログラムです。言い換えればペンス演説に対して「メンツ・ダメージ」を低減するために、北京中央は米国に対して何らかの「等価報復」を実施しなければならなくなったわけです。

そして、実際に二十四日の学習会が存在したのかは確認しようがありませんが、「二十五日付で、二十四日にブロックチェーン技術に関する集団学習会があった、とする報道があった」という事実は発生しました（現在確認できる新華社のタイムスタンプでは同日十八時過ぎ）。これにより、デジタル人民元実装へ向かう時計の針が大きく動き出したのです。

動き始めた北京中央のシナリオ

この間の展開を時系列で再確認しておきましょう【図1】。あくまでも僕の定性的な分析と見立てによるものですが、ペンス対チャイナ強硬演説とバランスの取れた、それなりに大きな「等価報復」メニューを組む必要があった北京中央は、「マネー覇権の野心を暴露する」

【図1】

10月23日夜〜 10月24日未明	**米国下院公聴会で、ザッカーバーグ・リブラが徹底的に叩かれる** ※米国は新しいマネーへの対応に身動き取れぬと理解、党指導部は「ならば奇貨居くべし」と考えたか。
︾	
10月24日午後	**集団学習会が開催されたとされる** ※党メンツ毀損≒等価報復せねばならない。
︾	
10月24日 23時〜深夜	**米国ウィルソンセンターで、ペンス副大統領によるチャイナへの上から目線お説教**
︾	
10月25日 （注・すべて北京時間）	**集団学習会が24日に開催された旨が新華社で報道され、学習会内容が発表される。** ※党メンツ毀損≒等価報復せねばならない。 ※報道発表内容が実際の学習会内容と一致しているとは限らない。ペンス演説を受けて事後修正も可能。

というカードをココぞというタイミングで切ったようでした。

かねてチャイナは米国に対し、先制攻撃をせず、相手からの攻撃があった場合に同程度の攻撃をし返すという「等価報復の原則」を採用しています。

チャイナによる国際的金融システムへの新たな挑戦は、すなわち米国と米ドルを中心とした既得権益に対する攻撃カードに他なりません。本来、このカードは、米国を大きく刺激するので今後数年間はまだ控えておいてよいものだったはずです。

しかし「等価報復の原則」を採用するチャイナにとっては、この強いカードを出すタイミングをうかがっていたので、ペンス演説を好機と捉えたのかもしれません。

ザッカーバーグ氏の公聴会で国際社会へ向けて披露された米国政治の保守的な態度と、ペンス対チャイナ演説が組み合わさったタイミングにて、「新興のデジタル産業を抑圧し、反イノベーティブな既得権益を守るネガティブな守旧派政治勢力たる米国・国際マネー覇権を牛耳って高効率で合理的な次世代の金融システム構築を潰す米国」というラベリング宣伝戦略でいこう、という北京中央のシナリオが動き出したように思われます。

これはあくまでも経緯を見た上で事後的に振り返った想像上のストーリーですが、党の思考ロジックを常に分析している僕としては、それほど遠い思考エミュレーションではないだろうと考えます。

即座に打ってきた「次なる一手」、暗号法

本学習会で「習近平総書記の鶴の一声」があったという名目上の報道発表十月二十五日の翌日、二十六日には、全人代常務委員会（第十三期全国人民代表大会常務委員会第十四回会議）にて「暗号法（Cryptography Law）」が早くも可決成立（同法の施行は二〇二〇年一月一日から）しています。

前々日の本学習会内における総書記発言を受けて議論を進展させたというレベルを超えたスピード感。いやいや、陳純院士からレクを受ける程度の勉強があって、その二日後に法案が完成していて全人代可決ってジョークでしょ、日本人の常識からすれば……、ということで、日本のSNSでも話題になっていました。

暗号法は、ブロックチェーン技術を社会実装していくことを直接的に推進する目的ではなく、将来的にブロックチェーン技術を含むデジタル技術を公共セクターから民間ビジネスまで、社会の各組織に融合させていったときの管理規定を国家として予め定めておくような内容です。つまり、ルールが曖昧なまま情報漏洩した場合は、誰の責任になるのか、またそもそもその物理的ではない情報漏洩に対してどういった処罰を加えるべきなのか、というところを明確にしたようなものになっています。

デジタル技術を活用するにしても、まずは「人的な」セキュリティー回りを法令としてガシッと固める、というもの。流石、「情報（インテリジェンス、特に防諜）」に長けた国家体制ですね、といった印象です。性善説的な手ぬるさがありません。

全四十四条から構成される暗号法は、二〇一九年十月二十六日という集団学習会直後の絶妙なタイミングでの可決成立（そして全容が明らかになった）ではあったものの、法律草案自体は二〇一八年九月七日時点の全人代常務委員会から議論されているものです（新華社発表の報道資料による）。当時は内容非公開であったため、チャイナ国内でも特に盛り上がる話題ではなかったはずです。

その後、二〇一九年六月二十六日付の新華社報道で暗号法内容の議論が十分に煮詰まってきた旨が報じられています。おそらくこの時点で事務方としては作業が完了し、後は「政治的なタイミングのＧＯ」が出るのを待っている状態に入ったということでしょう。二〇一八年九月から準備されていた事実はあったけれども、デジタル技術（ブロックチェーン技術）と結びついた管理規定の全容については、暗号法成立時まで不明だったということになります。

少しだけ暗号法の内容について詳しく見てみましょう。同法は、もともと存在していた「保守国家秘密法」（一九八八年九月発布、二〇一〇年四月改訂、二〇一〇年十月改訂保守国家秘密法施行）の上に乗っかっているような構造です。保守国家秘密法は国家に関わる秘密情報管理を規定する法律です。

もともと、プロレタリア独裁体制の伝統芸と言いますか、お国柄として国家秘密情報は「超法規的」にガチガチに守られていました。時代が下り、改革開放を経て一九九〇年代からの本格的な市場主義経済導入とともに、ようやく党は「法治」による民間紛争解決を重視しました。その流れでグレーだった領域の法制化が進んだことが背景にあり、当該国家秘密情報の取り扱い規定についても「超法規的な判断に任せる」といった曖昧なものではなく、改めて一九八八年に法律として確立させました。

二〇一〇年の保守国家秘密法改訂時においては、なんと政府の情報公開性重視、「知る権利」が議論された結果、より透明度の高い管理規定になりました。慣習的に内容から責任者まで「すべて秘密」とされていたものを部分的に情報公開するようになります。

例えば、秘密を設定する責任者（チャイ語で「定密責任人」）を設定して、その者が秘密等級や秘密期限などに責任を持つといった体制が確立されました。今となっては懐かしい、ゆるゆる胡錦濤指導部のおかげ（?）で、「陽光政府（サンシャイン・ガバメント）」という言葉をもって、開かれた政府、ガラス張りの政府が目指された結果です。

二〇二一年の習近平指導部下のゴリゴリに中央集権回帰で硬くなったチャイナを見ると隔世の感がありますね。「アイヤー、ピンポン外交アルヨ〜」なんて日本でもイジられていた胡錦濤時代、今となっては懐かしいです。

デジタル人民元導入の下地はすでにできていた

保守国家秘密法では、対象となる秘密が三種のランクに分類されています。管理が厳格な順に、「絶密」・「機密」・「秘密」です。秘密が保持される期限は「絶密」級で最高三十年、「機密」級で二十年、「秘密」級で十年を超えてはならないと規定されます。同法は具体的な秘密管理の定義や罰則規定も明記されており、二〇一九年十月に成立した暗号法は、この保守国家秘密法をサイバー領域で円滑に適用するための拡張モジュールとして考えてよいでしょう。

暗号法は「特定の変換方法を用いて情報等の秘密保護をすること」と暗号（＝パスコード）を定義して、核心暗号、普通暗号、商用暗号の三ランクに分類しています。核心暗号は「絶密・機密・秘密」まで対応した暗号、普通暗号は「機密・秘密」まで対応した暗号です。商用暗号は国家が推進する科学技術研究開発などに適用される暗号であって、国家秘密には対応されません。

暗号法を規定したことによって、アナログ公文書のデジタル化にもパスワード管理担当者の権利と責任が明確にされました。デジタル人民元については、登場した（発行された）時点でサイバー空間上のデジタルネイティブな国家資源でありますので、この暗号法による管理担当者の責任区分が必須だったと言えます。

二〇一八年暗号法草案の段階からデジタル人民元を想定していたのかは不明ですが、ブロックチェーン技術の社会実装（特にデジタルガバメント推進）にあたって法制度上の準備を事前に走らせていたことがうかがえます。

デジタル人民元の社会実装を発表した「上海奇襲事変」

さらにチャイナ怒濤のぶっこみが続きます。

二〇一九年十月二十八日（本学習会からわずか四日後）、中国国際経済交流センター（CCIEE）副理事長（当時）の黄奇帆《ホワンチーファン》氏が、上海で開催された第一回外灘金融サミットにて、中国人民銀行によるデジタル人民元の社会実装が具体的段階である旨を発表しました。本当に突然のことでした。当時、僕はこの発表で初めて「デジタル人民元、ついに来たか!!」と知ったので、顎がハズれるほど驚いたものです。

このタイミングまでは、ブロックチェーン技術を活用したデジタル社会を実現していく最高政治レベルの方向性が突然示された、それを法的に担保する暗号法が突然成立した、という既定路線の二要素にすぎなかったわけです。

二〇一四年から中国人民銀行がデジタル人民元の研究部門を発足させてから、すでに五年近く経過していたために、僕は「米国の尾を踏まないように、緩くやっているんだろう」「安定させるのは技術的に難しいのかもな」「いくらデジタル大好きチャイナとはいえ、法定通貨のデジタル化はまだまだだろう」などと、たかをくくっていたというのが正直なところです。

それまでにも、中国人民銀行はブロックチェーン技術やその他デジタル通貨に採用する技術についてメリットやデメリットを五月雨式に、消極的に発表していました。「デジタル法定通貨にブロックチェーンは使いにくい」とも言っていたはずです。

近年はデジタル人民元の採用技術について、並列処理に限界のある分散型台帳のブロックチェーン技術よりも集権的な取引記録システムを使っていく気配だったので、よもや本学習会のブロックチェーン技術推進宣言によって、デジタル人民元の社会実装も宣言されることになろうとは、想定していなかったのです。

奇襲作戦の口火を切った黄氏は重慶市（北京、上海、天津と並ぶ四直轄市のうちのひとつ。三千万人都市）の元市長（＃ナンバー2）であり、二〇一七年十月まで第十八期党中央委員、二〇一八年三月まで全人代の財経委員だったので、本発表の一年半前までチャイナ経済財政政策の中心にいた人物です。党中央委員はチャイナ序列で上から約二百名のうちのひとりであり、それぞれの中央委員におおよその専門領域があるわけですから、黄氏はチャイナ全体の経済財政政策を担当する上位数十名に入っていた方と言っても過言ではありません。黄氏は全人代の職を離れた後も積極的に研究、講演活動を行っていました。

黄氏が副理事長を務めていた中国国際経済交流センターは二〇二一年二月現在、理事長が曾培炎《ゼンペイヤン》国務院元副総理（一九三八年生まれの経済政策系長老。二〇〇八年、国務院副総理を退任。二〇一九年十月当時も理事長職）を筆頭に、常務副理事長二名、ヒラ副理事長十五名で、それぞれ中国人民銀行元副行長や国務院財政部元副部長、国有企業、各地人民代表大会で経済財政政策を直前まで担当されていた重鎮が名前を連ねており、離職後に一旦集まる経済系識者サロンになっています。

皆さん「政治的に安定感のある方々」ですので北京中央の意向に背いて先走るような暴走老人ではありません。そのため、黄氏が晴れ舞台で勢い余ってウッカリ私見を述べてしまったなんてこともあり得ません。

中国国際経済交流センター副理事長名義でデジタル人民元社会実装の初カミングアウト

があったのは、練られた差配でした。北京中央の意向も十分に反映され、なおかつ現職バリバリの中枢ではないので「対外的な言い訳」にもなるような組織と人選でした。立法行政府等国家機関に属していないことで、質問に答える責任も生じないのです。ヌルっとした衝撃的な発表のために、バッチリの所属機構と人選だったことが窺えます。

ちなみに黄奇帆は経済紙「中華工商時報」上で二〇二〇年十二月に副理事長名義で経済政策を語ったのを最後に、二〇二一年二月現在は中国国際経済交流センターの人事名簿に掲載されていないので副理事長を退任されているようです。

こうしたチャイナの猛攻があった二〇一九年十月末の段階では、日本国内マスコミでのデジタル人民元の報道は少なく、仮想通貨界隈を除いて本件に関心をお持ちの方は局所的でした。ネットテレビ局の『ABEMA Prime』(アベプラ)のみが、僕の「デジタル人民元警戒論」を取り上げていたと記憶しています。流石の機動力です。

一方、チャイナにとっては、数年にわたる周到な法律面での事前整備、技術面での研究開発、そして米国への先制攻撃を回避し「等価報復の原則」に従って淡々とカードを切ることが可能となった都合の良いタイミングでした。チャイナのデジタル人民元構想が一気に明らかになっていったのがこのときだったのです。

第一章

米中対立とマネー覇権のゆくえ

トランプ政権発、米中マネー覇権戦争ニアミス

序章ではデジタル人民元の社会実装が電撃的に発表された流れについてご紹介しました。米国発・フェイスブック社が進めるデジタル通貨「リブラ（のちにディエム）」の動きを横目で見ながら、チャイナがそれまで温めていたデジタル人民元カードを次々に切った様子がおわかりいただけたのではないでしょうか。

しかしデジタル人民元の国際的な浸透をもって、直ちにマネー覇権をチャイナが奪取するということではありません。全地球規模のマネー覇権を構成するいくつかの要素のひとつとしてデジタル人民元が強力な武器になる、という解釈が正しいでしょう。

そこで、ここでは現在展開中の米中対立の現状を追いながら、「覇権」とは何か、さらには「マネー覇権」とは何か、について見ておきましょう。

本書の冒頭から覇権、覇権と繰り返していますが、「覇権」とは、ある領域における国際的なリーダーの立場をとること。現在、すでに多くの覇権を手中に収めている米国と、それにチャレンジしようとするチャイナの基本的な構造を知っておくことで、デジタル人民元への理解が深まります。

米中対立のトレンドは、「トゥキディデスの罠」という意識高い系外交文学で表現されます。オールドで保守的な既得権益を守っている往年のチャンピオンに対して、パワーをつけてきた新人がチャレンジをする構図であり、元は古代ギリシャのアテネとスパルタの「最終決着」がつくまでの競争関係を指します。

その対立構造は極めて自然で、国家間でも企業間でもディフェンディングチャンピオンにニューカマーが闘いを挑む関係は新たなチャンピオンが登場するまで続きます。チャンピオンは常に永遠ではありません。始まりがあれば終わりがあるのは自然の摂理でありまず。栄枯盛衰、諸行無常。歴史上、何度も繰り返されてきました。

米国も未来のいつかの時点で、多くの覇権の座をどこかに譲り渡すことになるのですが、だからといって必ずしも次のチャンピオンがチャイナという国家とは限りません。

話を複雑化させないために、ここではひとまず国家間の競争構造だけを想定します。「何」をもって現代国家の闘いにおいて「勝負あり」とするのかは議論の余地がありますが、少なくとも米国という軍事、産業経済、科学技術、マネー、文化、学術、言語等あらゆる領域で覇権を手にしている国家（今でもほとんどの領域でナンバーワン）に対して、現状ではチャイナが各領域で米国を猛追していることは事実です。

そして、インド等のポテンシャルあるその他の国のチャレンジがまだ見えにくい現在では、米中の競争は覇権国家を決める頂上決戦になっているのです。

ここに、人民元がデジタル化とともにドルに挑むマネー覇権も含まれます。

アメリカの「対チャイナ」三つのアタック

米国トランプ政権誕生からしばらくの様子見期間を経て、二〇一八年から米中対立が激化していきました。前章で紹介した、トランプ政権のマイク・ペンス副大統領による「新・鉄のカーテン」演説（二〇一八年十月）が象徴的です。

当初は米中貿易戦争と呼ばれ、米国が特定品目への関税を課せば、チャイナはそれと同等の報復関税を課すという「等価報復の原則」を維持していました。米国トランプ政権は将来的に避けられない米中対立を表出化・加速させた立役者でもあり、そこには功罪の両面があると思います。対立手法が異なったとしても、米国のこれからの政権は中期的に激しい対立構造を引き継いでいくでしょう。

この貿易戦争が米国から中国への一つ目の「アタック」です。

二〇一八年内には第一弾から第三弾が、二〇一九年には第四弾の貿易制裁が相互に発動され、二つの超大国の貿易戦争は各国産業のサプライチェーンにも影響をもたらしました。

こうした手法は、当初はいわゆるトランプ流の「ディール」として、相手を大きく叩いて交渉を有利に進め、まとめ上げるものだと見られていました。しかし、米中実務者レベルの折衝での合意を得て、相互制裁解除や延期など、最終的には有耶無耶になっていった様子です。

トランプ政権にとっては、この対中強硬路線は外交であると同時に、選挙対策としての二〇二〇年の大統領選再選を見据えた「強いアメリカ・ショー」でもありました。

その総括もままならないまま二〇二〇年の世界的な新型コロナ（ＳＡＲＳ－ＣｏＶ－２ウイルスによるＣＯＶＩＤ－19感染症）パンデミック、そして米大統領選へとなだれ込んでいきます。

経済安全保障に基づきファーウェイ締め出し

二つ目の米国のチャイナアタックは、経済安全保障。それに加えて「チャイナは不誠実である」というチャイナ・ネガキャン宣伝でした。

まず米国は、チャイナの通信機器メーカー大手ファーウェイ社が世界各国の重要な５Ｇ

通信インフラに入り込んでいることを、貿易戦争と並行して問題視するようになります。のちにロイター通信は、「自由民主主義陣営当局者」への取材によって、ファーウェイ＝スパイ企業説を初期に問題化したのはオーストラリアであって、オーストラリアから米国に働きかけた、と伝えています。トランプ政権はこれを利用したということでしょう。

対チャイナ強硬策に転じる米国にとって、ファーウェイ問題は象徴的な案件として活用され始めます。次世代通信インフラを信頼できないチャイナ企業に独占されることは、安全保障上の強い懸念に繋がるという大義名分をもって（結局、懸念の具体的証拠は持ち出せなかったけれども）、米国のファーウェイ叩きに繋がっていきます。

すでにファーウェイ社の5G通信機器導入を決めていた欧州先進諸国に対しても圧力をかけて、コスパの良いファーウェイ社機器採用を維持したかった欧州勢をゴリゴリと説得。紆余曲折ありながらも新コロパンデミックの発生源や人権問題で「反中」感情が高まった二〇二〇年を経て、欧州からのファーウェイ排除が方向づけられました。

三つ目のアタックは、人権問題。加えて「チャイナは非道な人権弾圧をも辞さない独裁体制と反平和のイデオロギー」であるというネガキャンでした。

香港で二〇一九年六月頃からヒートアップした「逃亡犯条例」改正案に反対する香港市

民のデモ。一時は百万人を超える市民が集まるなど、国際的な関心を集めました。

これに対処する形で香港政府側は一部のデモを暴徒と見なして強制鎮圧。香港政府を中間管理職とするならば、そのボスである北京中央は、過激な市民らについて平和をかき乱す反乱分子とレッテル貼りをして断固として処分する意思を強く持っていました。

北京中央側の平和維持のために正当な処置であるという国内外への宣伝（プロパガンダ）に対し、香港市民側は反権威主義・反北京中央という民主主義イデオロギーの共感を訴え国際社会に「被害者」であることを強く主張しました。

日本にも「今日の香港、明日の台湾、明後日の沖縄」などというスローガンとともに、宣伝工作の波がやってきました。香港市民といっても一括にできるものでもなく和理非派、勇武派や建制派など様々な考え方でグルーピングされる様子が報道されます。

さらには「敵の敵は味方」論、敵対する北京中央の敵となった香港市民は味方である、といった外交的動機をもって香港市民側に肩入れする、チャイナ外勢力による国際宣伝まで大乱入。

有象無象が香港に集まって各利害関係者の宣伝工作が渾然一体となる様子を、僕はツイッター上で一抹の背徳感とともに安全な場所からボケ〜ッと眺めていました。香港市民や香港政府当局者（警察ら）の負傷者があったことは事実であるとしても、その実体以上に国際的に熾烈な宣伝戦が展開されることは、果たして香港市民全体にとって幸福なのか不幸なのか、何とも言えない気持ちになったものです。

誰よりも損をしたのは香港市民

二〇一九年十一月には米国で香港人権・民主主義法が可決成立し、チャイナ側はその報復措置として米国ＮＧＯへの制裁や米軍艦寄港拒否などを発動しました。

終盤局面で、北京中央は「香港国家安全維持法」を二〇二〇年七月から施行するに至り、結果としては「チャイナは香港市民に対して横暴に振る舞っている」という国際的風評被害の「損切り」を図りました。

これ以上無駄な宣伝戦に巻き込まれるよりは、一時的な強権発動で大批判を喰らおうとも、一挙に抑え込んでしまおうという方向に着地します。北京中央はもとより大陸内都市の発展に伴って香港の相対的な経済的地盤沈下を図っていたので、「損切り」であると同時に香港の発言権を落とすことを達成し、プラマイとんとんに持っていった様子です。

米国は「香港国家安全維持法」へのカウンターとして「香港自治法」を可決成立させま

した。同法は香港の自治を脅かす北京中央の工作を封じ、関連する金融機関への制裁を加えることを目的としたものです。米国にとってはチャイナ当局の人権弾圧批判で欧州を多少巻き込むことができたので、対チャイナ牽制の宣伝戦でプラスでした。

米中両国が得たものと比較しますと、香港市民は悲惨です。北京中央からデモ当初よりも強い統制を受けるようになってしまうわ、米国からは香港金融（ビジネス）を締め付けられることになるわで、損をしたのは結局のところ香港市民だけでした、というドライな結果です。これはデモが拡大し始めたときから十分に分析予想できるシナリオでした。

トランプ政権は、これまでの歴代の米国政権とはかなり異なった手法によって、タイマン劇場型でチャイナを叩く手法を取ったので、そのやり方は非常に派手なものでした。その一発一発のド派手なパンチにチャイナ側も大変苦慮したものの、米国の一国主義傾向はチャイナが掲げる多国間協調という戦略としては、非常にやりやすかった面もありました。

その意味ではトランプ政権時代は、チャイナは米国と二国間局所戦（バイラテラル）で相当に厳しい闘いを強いられていましたが、全地球規模の長期戦略ではかなり有利にコマを進めることができた時期であるとも言えます。

本来トランプ政権は、長期戦略で脇が甘くなることも顧みない、短期でキメるハードパンチ一発のパワーが戦術的に重要だったはずです。そのトランプ政権でさえ、貿易、情報通信安全保障、人権弾圧批判というカードまでしか切ることができなかった。そう、「米ドルマネーに関する制裁」という最強ランクのカードを使わなかったのです。

二〇二〇年七月十四日に成立した香港自治法によってチャイナ金融機関のドル取引停止というカードを持っていたけども発動しなかった、いえ、発動する気も無かったし、できなかったというのがまさに今の米中対立構造の本音であり、リアルな現状なのです。

米国は自国の産業経済にも甚大な被害を受ける「米中経済デカップリング」を主張しました。これは画餅《がべい》にすぎず宣伝戦のブラフ止まりでしたので、さらに高いレベルの報復合戦になるカードの「米ドルマネー」を使わないのは、当然といえば当然でした。

「米ドル覇権体制」はアメリカの力の源泉

なぜ米国が強いのか？　その理由をひとつだけしか挙げられないとしたら、現在のところはこの「マネー覇権」を持っているから、という回答が最適だと思います。

米ドルは「基軸通貨」と呼ばれます。例えば、マイナーな小国二カ国の法定通貨は直接的に両替できないかもしれませんが、それぞれのマイナー通貨は米ドルに一旦両替することで間接的に両替可能となります。全世界で決済手段として受け入れられている通貨＝基軸通貨＝米ドル。これが米国の世界的経済覇権の根源です。

また米国は長年の力の蓄積によって国際的な金融インフラに対して支配的な立場ですし（この点は後述）、相手国の経済に関する生殺与奪の権とも言えるほどの力を持っていることになります。マネーの力があるから産業経済に有利な交渉を進められる。その経済力をもって強力な軍事力を備え、天然資源を潤沢に確保することも可能です。

潜在的な軍事衝突よりも、より日常的で日々リアルに競争が発生している経済戦争は、現代の最も重要なバトルフィールドであると言えます。そしてマネー覇権はその最強兵器です。その最強兵器を別の国家が手にしたら、そしてそれが自由・民主国家でなくプロレタリア独裁国家であったとしたら？　まさに世界革命と言って差し支えないでしょう。

経済的に成長した国の通貨は、国境を超えて広い範囲で使用され国際通貨と呼ばれます。さらにその先には、シェアナンバーワン通貨となる基軸通貨化が射程に入ってきます。マネー覇権を目指すには、国際的な流通量と信用を高めることによる国際通貨化、そして「覇権」である基軸通貨化というステップがあります。

国際通貨化までのハードルとは

国際通貨化のためにはいくつかのハードルがありますが、現在の国際的な合意では、国際通貨基金（ＩＭＦ）の特別引出権（ＳＤＲ）構成通貨となることで、まずは国際通貨としての「信用」を与えられることになると言ってよいでしょう。

現在のＳＤＲ構成通貨は米ドル、ユーロ、日本円、英ポンド、そして人民元です。実は人民元がこの構成通貨入りをしたのは、つい最近二〇一五年十一月のこと。この構成通貨入りを成功させた立役者が中国人民銀行トップだった周小川氏です。

「ミスター人民元」とまで言われた周小川氏が各国への根回しを周到に行い、人民元のＳＤＲ構成通貨入りを実現させました。五年ごとに改定されるＳＤＲ構成比率（二〇一六—二〇二〇年）は、米ドル四一・七三％、ユーロ三〇・九三％、人民元一〇・九二％、日本円八・三三％、英ポンド八・〇九％の割合です。

ただし、国際通貨化を進めれば政府・中央銀行による人民元のコントロールがしにくくなるというデメリットも発生します。そのため、チャイナは長年にわたって人民元国際通貨化に消極的でもありました。

それはチャイナ自身が人民元コントロールのコストベネフィットを考慮した結果、国際通貨化に消極的でもあったと言えますし、加えて、米中対立コンテクストとして米国の「力の源泉」、すなわち米国の根本的利益を奪いに行って米国を怒らせたくない、という慎重論がチャイナ内で大変強かったからでもあるのです。

マネー覇権を狙うチャイナの牙が見え隠れ

米国のマネーの力が圧倒的に強い現状は、今後しばらく続きます。ですから強《したた》かに牙を隠すチャイナは、短期的に実際にマネー覇権を取りに向かうことは当然せず、なおかつしばらくはその気配さえ見せないであろう……と僕は想定していました。

チャイナには、中国共産党結党百年の二〇二一年と、中華人民共和国建国百年の二〇四九年という「二つの百年」の節目があります。そのうちのひとつである二〇四九年までに、米国を凌駕した世界覇権を取ろうという野心があります。

二〇四九年から逆算したマイルストーンを想定すれば、チャイナは少なくとも二〇三〇年頃までは本格的なマネー覇権の牙を米国に対して向けないだろうと僕は分析していました。ところがです。恥ずかしながら、この分析にはミスがあったようです。

デジタル人民元の大々的社会実装アナウンスと、それ以外の戦略的アクションによって、チャイナがマネー覇権を取りに行く気配が早くも醸し出されてきています。それは序章で説明した中国側の発表からもわかる通りで、隠しているつもりでも、牙がちらりちらりと見えています。

実際、現在においてもチャイナの金融当局者の話をどう聞いても、人民元基軸通貨化に対しては「今はまだ消極的であるべき」論が大勢を占めています。ところが、そこに全く別の角度からブロックチェーン技術を利用したデジタル人民元という飛び道具が出てきたので、僕は分析の修正を強いられた、というわけです。

少なくとも米中対立の最終局面二〇四〇年代には、マネー覇権で米中が激しく競り合う可能性が十分に出てきた、というなかなかキナ臭い状況です。

チャイナの「強み」をマックス全力投入

そうしたマネー覇権というバトルフィールドで、なぜデジタル人民元がチャイナにとっての主要な「武器」となり得るのでしょうか。

そもそも主要な各先進国の中央銀行は、デジタル人民元の勃興、米フェイスブック社のリブラをはじめとするステーブルコインの萌芽、そしてビットコインなどの仮想通貨が市場に受け入れられていく実情に影響を受けて、中央銀行発行デジタル通貨（ＣＢＤＣ＝Central Bank Digital Currency）の研究を積極的に進めるようになりました。

二〇二〇年十月からはバハマの法定通貨バハマドルのデジタル通貨「サンドダラー」が、カンボジアの法定通貨リエルのデジタル通貨「バコン」がローンチしました。現時点では、ともに利用者はデジタル法定通貨を引き受けた国内商業銀行の口座に基づくデジタル法定通貨口座を開いて決済する、という仕組みなので、利用者目線では日本の「〇〇ペイ」に近いようなものです。

経済規模が小さな新興国でのデジタル法定通貨は、国内で完結する決済手段ですし、自国産官製スマホアプリ決済「〇〇ペイ」を国が提供してしまったほうが手っ取り早く国民の利便性が向上するという側面もあるでしょう。

もとより市中に米ドルが決済手段として入り込んでいる小国では、デジタル化した自国通貨決済に技術的問題が発生したとしても、市中で米ドル紙幣が使えるというセーフティネットがあります。そのため、万が一の際にも市中決済手段に困るリスクが低いわけで、政治決断で見切り発車できる土壌であるとも言えます。

また米ドルが市民生活に入り込んでいるということは、自国通貨建ての金融政策が効きにくいということでもあります。金融政策の効果を高めるために、自国法定通貨のデジタル化導入で決済コストを減らし、利便性を向上させることを呼び水にして自国通貨の利用率を上げる政治的動機が働きます。

先進国となると、新興国のように簡単にはいきません。特に流動性リスクや取り付け騒ぎをいかに「ほぼ完璧に回避」するのか、技術的に可能なのか、というボトムラインについて、アナログな「紙幣」と同じ高いレベルまで求められます。

それこそ法定通貨としての信用力、ひいてはその国家の信用力に直接的に関わってくるからです。決済が万が一にも不可能である一定の空白期間が生じたら、その法定通貨の信用を毀損してしまい、国家の血流が止まりかねません。

二〇二一年一月には、国際決済銀行（ＢＩＳ＝Bank for International Settlements）と各中央銀行であるカナダ銀行、イングランド銀行、日本銀行、欧州中央銀行、スウェーデン国立銀行、スイス国民銀行が協働でデジタル法定通貨の研究評価グループ設立を発表しました。国際決済銀行は名前の通り各国の中央銀行間決済を行う組織ですが、所謂「ＢＩＳ規制」と称される国際的な銀行規制であるバーゼル合意（国際的な銀行自己資本比率や流動性比率等に関する国際統一基準）の「元締め」であります。

六カ国の中央銀行協調報道に先立って、日本でも二〇二〇年十月に日銀の黒田東彦総裁が、国際金融協会（ＩＩＦ）のオンライン年次総会で「二〇二一年春頃に日本円の法定通貨である『デジタル円』の実証実験を開始する」と公表したことが報じられています。

これら六カ国の中央銀行とは若干異なった動きをしている先進国が「マネー覇権」を握る米国です。もともと米国は米ドルのデジタル通貨である「デジタル米ドル」導入には積極的とは言えませんでした。米連邦準備理事会（ＦＲＢ）を監督するランダル・クオールズ副議長は、二〇二〇年十一月、米下院金融サービス委員会の公聴会にて「デジタル法定通貨は発行検討の初期段階である」と主張していますし、デジタル法定通貨について総体的には消極姿勢が見えます。

新興国と対照的に先進国では、政治的な利害調整を除いて主に技術面に着目しても、経済規模（決済手段としての通貨発行範囲）が大きくなるほどデジタル法定通貨導入についてシステム上のリスクが高まるわりには、すでに金融インフラが発達しているので導入利便性が少ない、というのが本音なようです。

チャイナでデジタル法定通貨が生きる七つの利点

一方、「偽装新興国」の大国チャイナにとっては、国内外においてその他の小規模経済圏新興国や先進国とは異なったデジタル法定通貨のいくつかの利便性があります。僕が思いつくままに書き出してみますと、大きく分けて以下の七つの利点が挙げられます。

①「反腐敗」強化

一つ目は、習近平指導部が二〇一二年発足時から掲げ、死にものぐるいで現在も奮闘中の「反腐敗」運動を強化するメリットです。

習近平指導部一期目の五年間（二〇一二年から二〇一七年）に掲げた「トラもハエも叩き、キツネも捕まえる」というスローガン。トラ＝大物とハエ＝地方の小物汚職官僚（＋キツネ＝国外逃亡犯）のパージは、五年間で立件調査された数として二十五万四千四百十九件にまで及びました（二〇一八年三月九日全人代、最高人民検察院検察長、曹建明《ツァオジェンミン》氏の報告より）。

名目的には汚職摘発の捕物帖だったわけですが、党内の反習近平政治勢力の抑圧パージと、大衆人民の習近平支持大幅上昇を裏目的とした劇場型PR作戦でありまして、実体として習近平指導部権力基盤の強化に利用されたことは公然の秘密です。今現在でもパージが続いており、将来的にはデジタル人民元という当局だけが追跡可能なマネーによって、国内の汚職から発生する不正資金を追跡できます。これはチャイナ特有の（厳密には、最高権力を握る党指導部にとっての）法定通貨デジタル化の大きなメリットです。

②国内人口の多さが信用力増大に繋がる

二つ目は、技術的に人口・利用人数の規模がそのまま力へと転換される可能性。ブロックチェーン技術を背景にした十四億人口利用による信用力（規模の信用力）価値スライドです。ブロックチェーン技術は利用参画者の数が多いほど相互チェック（取引台帳監視）によって信用力が増すという特性がありますので、単純に人口の少ない国家よりも利用者数が多いチャイナは相対的に「通貨の信用力向上ブースト」が働きます。

デジタル人民元がブロックチェーン技術を一部でも採用するならば、国内の実証実験から徐々に利用者を拡大していくという実務的課題に直面した際に、チャイナには、時系列的に先に資本主義国として発展した日米欧先進国の信用力を飛び越えるジャンピングチャンスがあります。言い換えれば、利用者規模による信用力増加がチャイナほどに期待できない国内人口規模（デジタル通貨利用者人口規模）の先進国は、ブロックチェーン技術を背景にした通貨信用力において劣位に立たされる可能性があります。

③行政コスト減による効率化

三つ目は、行政効率化です。

例えばわかりやすいところで言えば納税や補助金交付など、金銭に関して公共セクターと民間がやりとりする場合の管理コストが低減できるでしょう。特定の産業や、条件を達した企業や世帯に対しての増税・減税措置なども簡便に実行できます。

また、先ほど挙げた「一つ目」のメリットとも関連しますが、警察に関する行政としてチャイナ国内治安維持コストが下がります。オレオレ詐欺など政治家汚職以外での通貨に関わる犯罪の絶対数も多いので、不正資金をトレースできるデジタル化導入のメリットが高くなります。チャイナに限りませんが、人口規模の大きさによって単純に犯罪組織やマネロン（資金洗浄）などの犯罪の絶対数は増えますし、アンダーグラウンドの世界が広がってニセ札も横行します。単純に人口規模の小さな国家よりも莫大な人口を抱えるチャイナのほうがより多く犯罪件数を低減させせられるので、チャイナは法定通貨のデジタル化で得られるメリットが大きいと言えます。

④通貨政策の進化、統制強化

四つ目は、通貨政策についての統制が強化できることです。

さらには政策決定後の実行スピードも速くなることが期待されます。人口規模が大きいチャイナでは、中央で決定した政策（通貨政策に限らず）が末端までどのように波及するのか、把握することさえ難しいものでした。

例えば通貨政策をビッグデータと関連づけて観測分析することで、より効果的な金融政策の手段が判明するのかもしれません。将来的にはお金の流れがデータ化される・可視化される、というのは社会工学のイノベーションに繋がることかもしれず、強力な統治技術に化ける可能性を秘めています。

⑤米国の監視を逃れられる

五つ目、人民元のデジタル化は、米国の監視を完全に逃れる国際決済手段になり得ます。

デジタル人民元は、クロスボーダー取引の最初から最後まで、米国に依拠しない（監視されない）国際決済手段をサポートします。現在の国際的な決済手段は、直接的ないしは間接的に、圧倒的な割合で米ドルを通じて完結されます。人民元の国際通貨化が徐々に達成されたとしても、すでに「競合」として存在している米ドルでの国際決済のシェアを人民元が奪っていくことは非常に時間がかかるでしょう。

先に挙げたSDR構成通貨としての人民元の割合が増加したとしても、米ドルが基軸通貨であってSWIFT（国際銀行間通信協会）という国際決済手段体制がインフラとして機能する状況においては、実務上の米ドルの強さは盤石です。

人民元自体が国際決済インフラとして世界をカバーできなければ、チャイナの関わる越境商取引や国際開発投資も米ドルが介在するため、各国の商業銀行で間接的に米国当局（情報当局）の情報網に紐付きます。この国際決済の情報が米国側に漏れることをチャイナ側は嫌がるわけです。

第二章で詳説しますが、SWIFTに替わる国際送金・決済機能を確立するためのひとつのツールとして、デジタル人民元という安価な手数料の国際決済手段インフラが実装されれば、人民元は実務面で国際通貨としての存在感が一挙に高まるでしょう。人民元デジタル化という高い利便性は、米ドル＆SWIFTと同じ土俵で闘わない手法で、基軸通貨化＝「マネー覇権」を狙える飛び道具になるわけです。

同じルートで闘いを挑んでも小さな芽のうちに潰されかねないから、別ルートで米国マネー覇権を凌駕しようという目論見です。チャイナ当局にとってもうまくいくかは不確実だけれども、長期対米ゲームとしてはやってみる価値はあると踏んでいるはずです。

人民元国際通貨化と人民元デジタル化は相乗効果があります。これがうまく回りだすと米ドルの関与がない人民元単独の決済手段となりますから、米国当局の監視を完全に抜けます。対立激化する米国への情報漏洩を少しでも防ぎたいチャイナにとって大きなメリットです。

⑥産業領域の中心がチャイナに移動

六つ目は、長期的な産業上のメリットです。

人民元が前述の国際通貨化とデジタル化を達成し、次第に基軸通貨としてのポジションを確立していけば、人民元の国際的流動性が高まります。人民元ベースの金融商品も多様化し、チャイナを中心とした産業上の強みになっていく原動力になります。そのとき、旧来の緩慢で硬直的な国際決済インフラに依拠している米ドルが、デジタル人民元に対してどれほど強さを維持できるかは未知数です。

この長期的シナリオは、米国が基軸通貨保有国として謳歌してきた産業上の大きな強みを、チャイナが奪いに行くことを意味します。この「マネー覇権」によって、いくつかの産業領域の中心地がチャイナに移りかねない状況が創り出されてしまいます。

⑦世界経済を操る元締めになることが可能

七つ目は、チャイナにとって長期的で包括的な渇望。米国を凌駕することです。チャイナが「マネー覇権」を得て、各種産業の中心的ポジションを多くの領域で獲得しやすい状況になった未来を想定します。この段階まで到達してしまいますと、チャイナの金融政策が国際社会に大きく影響します。これは経済による党の国際支配を決定づけるものです。そしてこの「マネー覇権」こそが、デジタル人民元にも込められた最終的野心です。北京中央が世界経済を支配する。恐ろしいことです。

あらゆる政策に波及するデジタル人民元のメリット

これらの論点が、チャイナが法定通貨のデジタル化について、他国よりも積極的である主な理由になってきます。チャイナ独自の目的があるために、他国に比べて法定通貨のデジタル化に大きく惹かれる様子がうかがえるでしょう。

一つ目から四つ目は、短期・中期的なメリットであって、五つ目から七つ目は長期的なマネー覇権を狙ったメリットです。長期的なメリットについては米国からの強い反発や巻き返しがあると思いますので、不確実性は高いはずです。

他にも短期の内政上論点がいくつかあると思います。本書では強くフォーカスしていませんが、例えば習近平指導部が「反腐敗」と同ランクで最重要視してきた「脱貧困」対策。チャイナ独自の定義による貧困層をゼロにしようという内政課題などがあります。

産業が育っていない貧困地域をICTの力で都市経済に組み込んで教育や遠隔医療、産業の振興をしようという取り組みもその一環でした。貧困地域の人民がスマートフォンさえ持つことができれば、山間部で電波が届かなくともオフラインで取引が成立するデジタル人民元と組み合わせることで、一挙に都市経済との融合が果たせるという見解もあります。「脱貧困」にちなんだデジタル人民元発行のメリットもありそうです。

チャイナのネット民、実に九・八九億人

二〇二〇年二月に、中国インターネット情報センター（ＣＮＮＩＣ）が第四十七期『中国インターネット統計情報報告』を公表しました。事実上の当局お墨付きの公式統計データです。二〇二〇年十二月までにチャイナのネット民は九・八九億人、ネット普及率は七〇・四％に達しました。このデータはＰＣとスマートフォンの両方が混ざっていますが、十億人弱の人民がネットに繋がっているということを示すもので、デジタル社会（政治＋経済）の基礎となるインフラが整っていることを示すデータでした。

農村ネット人口は三・〇九億人、農村地区ネット普及率は五五・九％（二〇二〇年三月と比較して同年十二月末までに九・七％増加した）。都市部ほどではないにせよネットカバー率は高くなってきています。貧困地域への光ファイバー網羅率は九八％に達し、脱貧困政策を強力に実行しています（「最後の一キロ」政策）。どこまでデジタルの力で脱貧困対策が可能なのかは、まだスタート地点ですので評価が難しいところですが、少なくともデジタル化に向けたインフラの整備が進んでいることは間違いありません。

言うまでもなく、都市部における チャイナ人民の心理面においても、デジタル人民元導入に対してほとんど抵抗は無いでしょう。日本でも多くの報道がありますのでご存じの方も多いと思いますが、バーコード・QRコード決済（第三者決済）、日本で言う「〇〇ペイ」がチャイナでは非常に広く普及しています。このことから、多くの大衆人民にとってのデジタル人民元利用は、二〇一〇年代から一気に普及したスマートフォンを使った決済の別の形としてデジタル人民元アプリを入れればいいだけ、という手軽さがあります。非常に心理的ハードルが低いものです。

二〇二〇年はチャイナのGDPが初めて百兆元に到達し、新型コロナが大きな社会変革を起こした年でした。このことも実はデジタル人民元に関わってきます。

新コロ対策のために国策として開発した「防疫健康コード」アプリが大活躍しました。九億人が使用しています。最も重要な機能だけを簡単に言うと、「自分はどれくらいウイルス感染危険度があるかを示す」ものです。感染低危険度ならば緑、ちょい危ないのは黄色、高い感染可能性を表すのは赤、といった具合です。公共交通機関やオフィスなどで「緑ならばOK、入ってよし」となるわけです。

オンライン教育は三・四二億人が、オンライン医療は二・一五億人が利用する規模の産業に達しています。新コロがデジタル化を一層に進め、最早デジタル経済を含めなければチャイナの経済情勢を捉えることができない状況になりました。

アナログ社会に法定通貨のデジタル化は相性が良くないのかもしれませんが、すでに世界第二位の経済規模（ＧＤＰ）とデジタル経済が融合したチャイナ社会にデジタル人民元が実装されることは、人民にとっても「無理のない」政策になっていると判断できます。

単にチャイナの体制側が米国との競争に勝ちたい外交メンツのために、人民に無理強いをしてデジタル人民元を実装しよう、といった旧態依然の前時代的共産党プロレタリア独裁のお作法をやっているのではない、ということが見えてきます。

地域や所得、老若男女問わずチャイナ人民の心理面でもデジタル化へのハードルが十分に下がっていて、社会全体がハードでもソフトでもデジタル化に方向づけられています。デジタル人民元が今にも根付く土壌がすでにある。チャイナ社会の総合的なデジタル化は、お上と人民の呼吸が揃った自然な流れであること。これは現在の日本のデジタル化のレベルとは異なっているものでありまして、見落としてはいけない重要な視点です。

こうした下地がある中で、チャイナが実際にどのように「デジタル人民元」の網を広げていくのか、引き続き具体的に見ていきましょう。

第二章

基軸通貨化統合作戦とデジタル人民元

人民元・ステルス分散型統合作戦

二〇二〇年十月二十三日。世界中がいまだ新コロ禍で対処を迫られているさなかのこの時期、二十五日までの三日間にわたってチャイナの人民元国際化に関する重要なイベントが行われました。

第二回外灘金融サミット。出席した中国人民銀行行長の易綱《イーガン》氏は、二十四日の講演で金融業の対外開放に関する重点方針を提起しています。

とりわけ、「参入許可前内国民待遇＋ネガティブリスト」による外商投資管理制度の全面実施、対外開放の理念転換・モデル転換の推進、金融サービス業の開放・人民元相場形成メカニズム改革・人民元国際化の三位一体的推進は重要な内容でした。

ジャック・マーこと馬雲《マーユン》（アリババグループ創業者）が、「監督を恐れないが、古い方式の監督を恐れる」などと当局批判をしたことで、十一月五日に予定されていたアントグループ（アリババ傘下の電子決済サービス「アリペイ」運営会社）の巨大上場案件が延期になった（上海と香港でＩＰＯ、三百七十億米ドルが調達される予定だった）、と多くのメディアで報じられ、日本国内でもジャック・マー舌禍事件として大いに話題になりました。

僕自身は、氏の舌禍でも何でもなく、上場延期の理由は当局による前々からの「金融業とICT産業の間にあったフィンテックビジネスに対する利害調整」にすぎないという見立てを当時、していました。チャイナ当局としては民間から勃興してきたネット企業らにフィンテックを比較的自由にヤラせていましたが、フィンテックの規模が大きくなったこともあり、金融産業の利益保全のために政治的意図をもってネット企業に冷水をかけて調整した構図だと考えています。

このジャック・マー舌禍ゴシップ報道の陰に隠れて（?・）、日本でも、世界でもあまり話題にならなかった同サミットのメイン内容。ここで重要なテーマが話されています。

同サミットには、王岐山《ワンチーシャン》氏のオンライン祝賀メッセージから、ミスター人民元・周小川氏の講演までチャイナ財政金融に関わる中核的人物らが登場しています。

単純に「人民元国際化の野望」と言っても、チャイナ当局が「国際化します！」と宣言すれば達成されるものではありません。またチャイナの現在の国際的な政治力（外交）を通じてもそれは難しい。絶対に無理です。結局のところ、チャイナ当局の政策だけでなくグローバル経済に関わるビジネスの実体がついてこなければ、人民元の国際化は実現されない。

冒頭の易綱氏の提起にあるように、チャイナの中央銀行や国家発展改革委員などがあらゆるコマ（国内外への政策）をうまく舵取りしながら、なおかつ産業の国際化があってこそ、初めて人民元は国際的な通貨となっていくわけです。

また、易綱氏は同演説で「対外開放の加速と同時にリスク防止」を強調しているように、国際的に開かれた人民元を闇雲に性急に目指すのではなく、周到に「壁」をつくりながら、石橋を叩いて渡るように国際化を進める姿勢のようです。

「マクロプルーデンス（金融システム全体のリスクの把握を重視して安定を図る政策）の強化、金融監督管理の専門性と実効性の向上、各種ファイアウォールの完備、重大リスクの防止・除去能力の向上、それら全体を通じて管理監督能力を対外開放の水準に適したものにする」という発言からは、短期での達成よりも（少なくとも氏の行長任期中での完了を目指すのではなく）、安全に中長期的な視野で国際化を目指す当局の覚悟が読み取れます。

デジタル人民元の始動は、マネー覇権に向けたチャイナの壮大な野望である、人民元の国際通貨化とデジタル化は相乗効果を発揮しながら動いてゆく、と序章でお伝えしました。本章からは、人民元の国際通貨化（さらにその先の基軸通貨化）についてより噛み砕いた考察を提示します。

人民元国際化のための「七つ道具」

チャイナが抱える人民元国際化のためのツール群・戦略群があります。具体的には、①**人民元国際銀行決済システム（CIPS＝Cross-border Interbank Payment System）**、②**デジタル人民元（DCEP）**、③**実務決済を伴う貿易商圏（RCEPなど）**、④**一帯一路等国際インフラ建設協定でのクロスボーダー決済**、⑤**チャイナ金融業と金融都市の国際化**、⑥**諸外国オンライン銀行**、⑦**その他**といった六、七個以上の作戦コンボによって達成される、国際通貨の深化というゴールに向けたチャイナの戦略です。

本書が示すチャイナの紅い革命は、これらの戦略を統合して前進していきます。チャイナの本件大型戦略は、ひとつひとつの動作だけに注目してしまうと、大きなピクチャーが見えてこないという側面があります。分散されていて、それぞれが即効性あるとは限らず、それでいて後ろでは国家意思・党の意思がひとつのラインで繋がっている作戦です。「分散型遅効性の統合作戦」とでも呼びましょう。

デジタル人民元だけを切り取っても「国際的信用力がないデジタル人民元なんて、一体誰が使うの？」という揶揄があるように、世界に自然に広がっていくことは難しそうです

【図2】

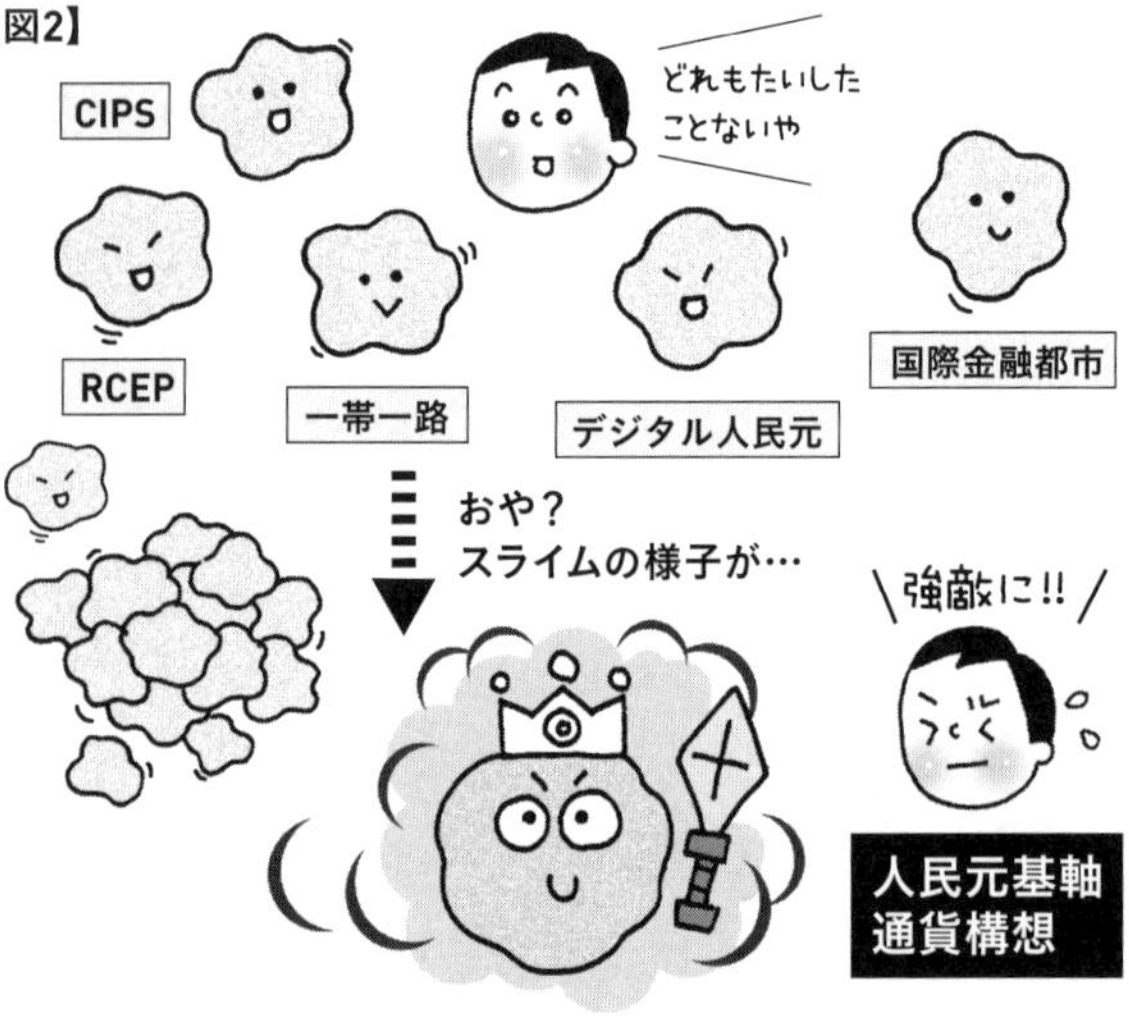

し、一帯一路のインフラ投資だけを見てもチャイナＡＩＩＢ（アジアインフラ投資銀行）の投資案件は適当に実行されているのが実態です。コゲ付き案件多数とも言われ、率直に言って長期的に回収できるような計算があるのかについても疑問が湧いてきます。

ＣＩＰＳについても、すでに米ドル＋ＳＷＩＦＴのシステムが構築されている現時点では実際に代替利用するメリットが強くないのも事実。「チャイナがＲＣＥＰに入った目的は、日本に擦り寄りたいからでしょ？　ＴＰＰのハードルは高いし、米国へのアテツケよね」といった冷めた見方も日本国内に少なくありません。

これらのことから判明するように、ひとつひとつの「作戦コマ」は弱い弾なんです。ヘボいチャイナのダメダメ作戦という感じです。

と・こ・ろ・が、それを背景にある「意思」で繋げると、大きな戦略が動いていることが見えてきます。チャイナが動かす一個一個のコマは大したことがなくても、長期の大きなゲームでは戦略的にコマを動かして壮大な勝ち陣形を組んでいる。分散型で遅効性の各作戦が実は超大型の統合作戦の一部分であって、これがあるタイミングで結合されて起動させると……といったようなステルスの意思さえ感じるものになっています【図2】。

もちろん、これらの統合作戦が大失敗で盛大にズッコケて、個別の作戦も木っ端微塵になる可能性もありますが、「備えあれば患いなし」に加えて、「チャイナ侮るべからず」。これはチャイナと対峙する我々にとって重要な意識です。

まるでステルス特性を持たせたような「分散型遅効性の統合作戦」。チャイナがプレイしている長大なゲームを見ていきましょう。

デジタル人民元はビットコインと何が違うのか？

仮想通貨は、特定国家の裏付けを持たないデジタル通貨です。「裏付け」は「信用」と言い換えてもよいところで、国家の信用力を背景にしたデジタル法定通貨がデジタル法定通貨です。法定通貨は日本円、米ドル、ユーロ、英ポンド、オーストラリアドル、カナダドル、スイスフラン、チャイナ人民元など各国の中央銀行が発行しています。主に一国一通貨ですね。この国際的に流通量の多い（為替市場で通貨取引されるシェアが多い）法定通貨の中でデジタル化の実証実験段階まで進んでいるものは二〇二一年二月時点ではデジタル人民元だけです。

一方で、仮想通貨は、言ってしまえば何らの特定組織（国家）の信用にも依拠しないデジタル上の通貨ですから、紙幣といった物理的な現物もなく、電子的なデータにすぎません。仮想通貨そのものを受け入れるという主体が存在しなければ、いくら仮想通貨を大量（多額）に保有していても何ら交換価値の無い無用なデータなのです。

最も有名な仮想通貨として知られる「ビットコイン（ＢＴＣ）」。ここでは分散型仮想通貨・暗号通貨の代表としてビットコインを用いて説明していきましょう。

例えばＡさんが10ＢＴＣ持っていて、ＢさんがＡさんにリンゴ一個を10ＢＴＣで売ってもよいという意思があれば、リンゴ一個＝10ＢＴＣで決済されます。このとき初めてビットコインは決済手段として意味を持ちます。

モノやサービスが買えるということ、売買の決済手段として安定的に利用できること、価値が安定していること等は通貨として重要な要素です。法定通貨の場合は、国家が価値を保証していますから、少なくともその国家が安定して存在している限りはその国家内の取引での決済手段として保証されています。国家が政治的に不安定になったり、国家が無くなってしまえばその国家が発行した通貨（紙幣）は価値ゼロの紙切れになります。

では、国家による保証がないビットコインがなぜ決済手段として成り立つのか。これは国家の代わりに「別の信用」をもって保証されている通貨だからです。

ビットコインなどの仮想通貨は、ブロックチェーン技術による分散型台帳というシステム上の決まりごとを活用して取引（決済）がなされます。この台帳には誰が、いつ、どういう単位の取引を行ったのかというデータが書き込まれ、この台帳はビットコインを利用する参画者がパブリックに共有することができます。

公に共有されたデジタル台帳が存在することによって、AさんとBさんの取引（決済）について参画者全員がそれを保証するような状況になります。

一千人が参画した分散型仮想通貨であれば一千人がAさんとBさんの取引を保証するようなものです。一千人全員がAさんBさんの取引立会人みたいなものと言ったら理解しやすいでしょうか。国家が信用を担保するのではなくて、参画者全員がブロックチェーン技術によって信用を担保するということになります。

言うなれば、国家が中央集権的に通貨に信用を与えるという旧来の法定通貨の仕組みとは全く別の信用を担保しています。非中央集権的であり強力なリベラル思想を標榜するものが、ブロックチェーン技術をベースにした仮想通貨であると言えるでしょう。そして、仮想通貨の価値は、利用参画者の完全なる需給バランスによって決定されます。

価値ゼロになる恐れもあるビットコイン

法定通貨では、「人為的に」国家（中央銀行）が紙幣を刷ることでマネーの総量が増えるわけですが、ビットコインではマイニングという取引台帳の安定性を高めるパソコン処理をしてくれた人への報酬としてビットコイン報酬が与えられ、これによって総量が増えます。それ以外の方法によって人為的にビットコインの総量が増えることはありませんし、将来的には二一四〇年までに二千百万ビットコインという最大総量が規定されているので、それ以上ビットコインが増えることはありません。

近年では、ビットコインによる決済が多くのサービスで可能になってきており（二〇二〇年十月に発表されたオンライン決済システムPayPalでのビットコイン決済採用報道は大きなインパクトがありました)、それに伴って世の中のビットコイン利用者が増えるほどビットコインの「信用」が向上するという好循環にもなっています。

つまり、ビットコイン決済（支払う人と受け取る人）が増えるほど、ビットコインという存在への信用も増加し、ビットコインが「価値」を持つようになっています。

そして少なくとも今のところはウマい具合に回っており、中央集権の呪縛から解かれた新しい世代の民主的な通貨となりつつあります。

このように非常にリベラルで公平に見える仮想通貨ですが、問題点もまだ山積していま す。執筆時点でビットコイン価格は1BTC＝三百万円から六百万円の価格を乱高下していて安定感に欠けます。これでは日常生活に使う通貨というよりも、投機の対象にすぎません。リンゴ一個の値段が毎日数十％近く乱高下していたら、通貨として使いにくいですよね。

また、仮想通貨は往々にして新規仮想通貨公開（ＩＣＯ＝Initial Coin Offering）の初期取引に参画したり、開発に携わった者が大量に保有しているという実態もあり、それらの大量保有者をもって仮想通貨取引価格の支配力が無いとは言い切れない状況もあります。

結局それはアンダーグラウンドでの権力集中なのではないかという疑心暗鬼も生じる。

仮想通貨の先駆けとなったビットコインでさえ二〇〇九年一月に初めて取引が行われてから、まだ歴史的な蓄積が浅いものでもありますので、これからの行く末は未知数です。ひょっとしたら価値ゼロになってしまう可能性さえあります。ただ、個人的には、面白いアイディアなので仮想通貨全般を応援しています。

「非中央集権的」な特性であるからこそ意義のあるブロックチェーン技術。これは中央銀行が集権的にコントロールする法定通貨と本質的に相性が悪いと言えます。特に中央集権を絶対とするチャイナの政治体制とは相容れないのが純粋ブロックチェーン技術を用いたデジタル法定通貨です。

本書では説明を省くために「ブロックチェーン技術を利用したデジタル人民元」としてきましたが、デジタル人民元全体のシステム構成は、現在のところ仮想通貨のようなサーバーを介さずに端末同士がデータをやりとりするＰ２Ｐ《ピア・ツー・ピア》ではないので、システム全体を俯瞰すればブロックチェーン技術のみ単独で採用するものではないとされています。

デジタル人民元の最終的なシステム設計は発表されていないものの（研究開発も途中段階です）、中央集権的な制度と、（非中央集権的な）ブロックチェーン技術の高い利便性をともに活かすことが可能な「階層型」の構成になりそうだ、ということは判明しています。

商業銀行とネットプラットフォーマーのポジションは？

デジタル人民元のシステム（仕様）について、将来の最終確定情報として出されたものはありません。これまでの公開情報を基に想定される構造は三層構造です。【図3】は当局から発表された将来の確定情報ではなく、いくつかの断片的な確定情報を基に局地的な実証実験を終えてチャイナ全土での社会実装した際の想定を僕なりに再解釈したものです。

中国人民銀行は公式的に、以下に説明する一層目と三層目をもって「デジタル人民元のシステムは二層構造である」と説明していますが、中間層を考慮すると解釈イメージとしては三層に近いと僕は考えていますので、本書では三層で説明したいと思います。

本書では説明を省きますが、システム全体としてUTXO（Unspent Transaction Output　未使用トランザクションアウトプット）というデジタル通貨を管理する仕組みであると言われます。

一層目が中国人民銀行と、商業銀行プラス決済プラットフォーマー間の層。この層は中央集権的に中国人民銀行がデータを取り扱います。これまでの法定通貨を模したようなシ

【図3】

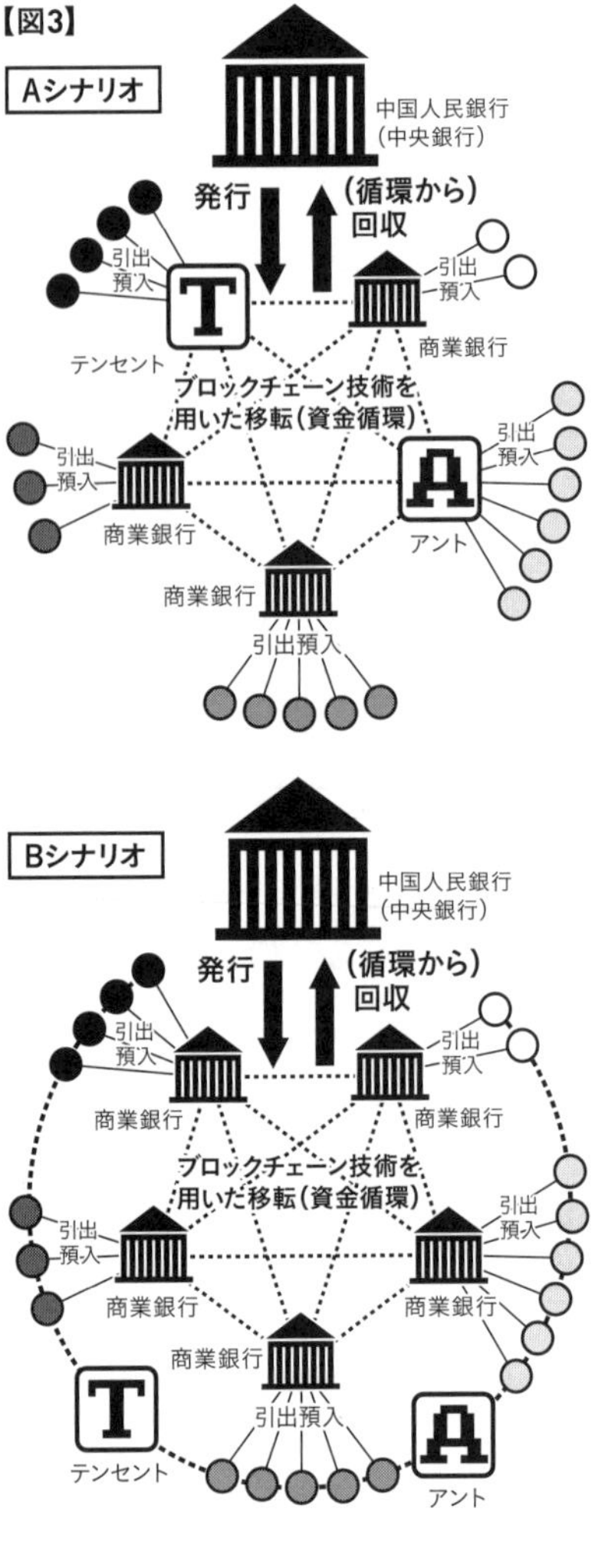

ステム要件になるでしょう。商業銀行の他にテンセントやアントグループといった電子決済プラットフォームも加わる（【図3】Aシナリオ）可能性も残っていますし、最終的には商業銀行だけで構成されるかもしれません（【図3】Bシナリオ）。

ネット企業資本の傘下で設立されたネット銀行がデジタル人民元コンソーシアムにすん

なりと参加できるのかなど未知数です。当局や金融業界、ＩＣＴプラットフォーマーの駆け引きが政治的にも激しくなるテーマでもあります。

　言い換えれば、こうした将来的なデジタル人民元の駆け引きを見越してアントへの〝紅い鉄槌事件〟があったとも言えます。アントに対し「今屈服して謙虚な体制になれば、悪くないポジションに就かせてやるぞ」的な意味をにおわせたのかもしれません。

「法定通貨こそ『正統』」と宣言

　次の二層目。複数商業銀行（プラス決済プラットフォーマー）間のデータ交換の層で、主に分散型台帳技術（ＤＬＴ）ブロックチェーン技術のメリットが活かされて利用されます。仮想通貨のように不特定多数が参画するパブリック型のブロックチェーン技術ではなくて、中国人民銀行が許可した特定の参画者を規定するコンソーシアム型になります。

　外部の第三者が入ってくることはありませんので、ブロックチェーン技術の弱みである「五一％問題（悪意ある者によってネットワーク全体ハッシュレートの過半数を支配され、過去取引などを改ざんされてしまう致命的なシステム障害）」を引き起こすこともありません。留意点としては将来的にブロックチェーン技術よりも有用かつ適していると思われる技術があればブロックチェーン技術を採用しないということもあり得るということです。

最後に三層目。商業銀行（または決済プラットフォーマー）と多数のユーザー（個人や法人）アカウント間の引出と預入の層です。ユーザーのデジタル人民元ウォレットを通じてデジタル人民元が市場流通します。

これまで公表されているシステム要件では、まだ判明していない点が多くあります。まずは、政治的な意味も含まれる課題。AとBシナリオで説明しましたが「決済プラットフォーマー」の立ち位置です。デジタル人民元（中国人民銀行）は決済プラットフォーマーを敵とするのかサポート役とするのかの議論について棚上げにしています。「Cシナリオ」として決済プラットフォーマーを一律に支払いシステムから完全パージするという強権粛清的選択肢さえありますが……。

中央銀行デジタル貨幣研究所所長の穆長春《ムーチャンチュン》氏も「デジタル人民元は、『人民元のデジタル化』である。純粋な公共財として、デジタル人民元は電子支払いの重要なサポートとなり、何らかの支払い方法を代替するものではない」として歯切れの悪い言い回しをされています。そのわりには、二〇二〇年十二月十五日に中国人民銀行は「経済活動で現金を広く受け入れるよう呼びかけたほか、現金支払いの受け入れを拒否した者を罰する」（ロイター）と表明しています。

「現金」についての突然の表明にわざわざ何の意味があるのか？　という一月十五日の発表ですが、チャイナ当局が法定通貨こそ「正統」なり、と改めて宣言した格好です。デジタル人民元は流通現金（M０と定義）であるので、「中国人民銀行法」および「人民幣管理条例」、その他現金管理の法令法規に従って扱われます。デジタル人民元は現金と同様に、いかなる組織や個人も受け取り拒否はできません（法的に担保）。

言い換えれば仮想通貨はもとより、ネット企業らの第三者決済は「非正統」であって、デジタル人民元は「正統」な法定通貨なのであるから、売買時の決済手段として受け取り拒否などが法的にできない、という区分が明示されました。当局が本気で「紅い鉄槌」を振りかざす気になれば、第三者決済プラットフォーマーをデジタル人民元の枠外に置くことも可能であると、凄んでみせたという感じです。

一秒間に三十万の取引を処理できるか

続いては、純粋に技術的な問題。特に二層目で使われる可能性のあるブロックチェーン技術には大きな課題があります。

各国の中央銀行発行デジタル通貨で積極的に採用が検討されるものの、穆長春氏も言及しているように、例えばビットコインでは一秒間に七取引しかできません。

二〇一八年十一月に中国人民銀行が発表した重要な文章（工作論文）『ブロックチェーンは何ができて、何ができないのか?』では、ビットコインは一秒間六取引の限界がある一方で、ブロックチェーン技術ではない米国発のネット決済サービス大手ペイパル（PayPal）は一秒間百九十三取引、クレジットカード・ビザ（Visa）は一秒間千六百六十七取引が可能であるとのことです。

中国人民銀行が求めるチャイナ大陸全土での取引を安定させるための水準は、一秒間三十万取引とのことですから、既存型のブロックチェーン技術単層の一本槍で進めることはあり得ません。

それでは、中央集中・サーバー型のような管理方式でうまくいくのかというと、これまた取引量で処理能力（ハードウェア）が青天井に必要になるかもしれません。なにせデジタル人民元の野望は「基軸通貨化後でも通用するシステム」まで狙った世界規模の構想なのですから、チャイナ国内の一秒間三十万取引を大幅に超えるものにもなるでしょう。

例えば、オーストラリア・シドニー大学で開発段階のレッドベリー（Red Belly

Blockchain）という新しいブロックチェーン技術は、一秒間で数十万の取引が可能になる、などと公表されています。デジタル人民元はレッドベリーほどではないにしても、新しいブロックチェーン技術の応用を模索しているところと言えるでしょう。

三層目の取引もまだ不明な点が多いです。厳密には第三層と第二層のシステムが最終段階で分かれる場合の層間連携の問題と言えますが、別の商業銀行（または決済プラットフォーマー）にアカウントを持っている、デジタル人民元ウォレット間の決済の技術です。

例えば、先のAシナリオで、中国農業銀行にデジタル人民元ウォレットを持つマーさんが、中国工商銀行にデジタル人民元ウォレットを持つラー商店で二元のミネラルウォーターを購入してデジタル人民元で決済する場合など、層間取引が複数同時発生し、複雑性が増すことが指摘されています。

局地的な実証実験であれば、ユーザーが直面するデジタル人民元を引き出したり、預け入れするウォレットが限定されるなどシンプルな構造で対応していますが、デジタル人民元ブロックチェーンコンソーシアム参画機関がチャイナ全土に全面的に広がった場合、どのようなシステム上の不具合が生じるか未知数だという声もあります。

デジタル人民元の目玉「オフライン取引」

さらに関心が高い課題は、デジタル人民元が目玉（?）としている両者オフライン取引の課題。マネーを受け取る側と送る側がともに、オフライン状態で（通信しない状態で）取引（決済）が可能であるというもの。例えば、デジタル人民元ウォレット専用アプリをインストールしたスマートフォン二台をＮＦＣ（近距離無線通信）で「コッツン」と突き合わせて取引します（チャイ語で「碰一碰《ポンイポン》」）。蘇州での実証実験などでは成功していて、体験者も「簡単でした」と語っています。「失敗しました」とプロパガンダメディア上で正直に語られることが無いだけだとは思いますが。

課題のひとつは、「二重支払い」の防止。ある人のデジタル人民元ウォレットアプリに百元が入っていて、その一台目のスマートフォンをオフラインにして百元分の取引をしているときに、同じ人が二台目のスマートフォンの人民元ウォレットアプリでもオフラインにして百元分の取引ができてしまうのか、というもの。百元しか持っていないのに二百元分使えてしまいます。

これを防ぐために、取引をした端末ウォレットがオンライン状態になるまで「二重支払い検証中」となって、支払いを受けたほうはそのデジタル人民元（金額分）について、再度第三者に支払えないような形でロックする方式があります。

または、同一（アカウントの）ウォレットは同時には使えないようにして、複数台の端末アプリ上でそれぞれログインとログアウトが必要という設計に今後するのであれば、この「検証」待ちが無くなる可能性もありますが、この処理もまた負荷が増えてシステム全体の脆弱性になるのではないかという指摘があります。

そして、ログイン／ログアウトでオフラインでの取引処理が円滑にできたとしても、また別の課題としてはログアウトしていた状態のアプリで、不意に電波が無い場所に入ってしまった場合に再ログインできない。そうなりますと、本来所有しているはずのウォレット内の通貨が使えないということになってしまいます。

これでは「紙幣（旧来通貨）」と同じだけの安定性があるとは言えません。

実現までに超えるべき政治的・技術的課題

こうした様々な政治的問題、そして技術的問題の障壁はまだまだ多いと言えます。中国人民銀行は、ブロックチェーン技術のメリットも採用しつつ、多層化と新技術などの研究を重ねていかねばなりません。最終的には、ブロックチェーン技術を完全に使わないシステム要件とすることも選択肢のひとつではあります。

Bシナリオのような形で、商業銀行との棲み分けをしつつ、第三者決済プラットフォーマーには末端での利用サポートを担ってもらうということにもなるのかもしれません。

表面的に実証実験段階で成功したとしても、取引量が増えてきた場合には全く異なる問題が生じます。各都市の実証実験まで進んでいるから、チャイナは一年程度ですぐにもデジタル人民元を全国展開できる、といった簡単なものではないということです。むしろ社会実装を急ぐ必要はないので、着実に実証実験を繰り返しながらトライアル・アンド・エラーで進めている状況です。

クロスボーダー決済システム（CIPS）がつくる道

サイバー空間を主戦場とするのがデジタル人民元ならば、地上戦で伝統的な構造上に道をつくるのが人民元国際銀行決済システム（CIPS＝Cross-border Interbank Payment System）です。

国境を越えて決済を行うことのできるシステムを「クロスボーダー決済システム」と言

いますが、人民元を決済通貨として使えるようにし、人民元建てで海外からの投資や貿易の決済を可能にするというのがＣＩＰＳです。

ＣＩＰＳ拡大には世界各地のリアルな金融機関の参画が必須です。ともに人民元の国際的な利用拡大というチャイナの野望を体現したものであるため、デジタル人民元と混同されがちですが、異なる領域で異なる形式として現れた全く別のインフラです。

ただし、チャイナの意思として人民元の国際化という同じ野望を達成するための同じ着地点への方向づけがビシッとなされています。

構想のスタート時期はＣＩＰＳが二〇一二年、デジタル人民元が二〇一四年ですので、比較的近い時期に野心的な国際通貨に向けた新しい二つのチャレンジを並列で始めたことがわかります。

ＣＩＰＳは、二〇一二年四月からシステムの開発が開始され、二〇一五年十月に正式稼働されました。実務の運営組織としては、中国人民銀行が管轄する公的組織や、民間銀行などが共同出資する跨境銀行間支付清算有限責任公司（二〇一五年七月設立）が管理運営をしています。

二〇二一年二月現在、ＣＩＰＳ参加機構は一千百五十九組織（うち直接参加銀行・機構

は四十三組織。発足以来、参加機構は追加だけでなく抹消もあり)。

間接参加機構のアジア八百六十七組織(うち大陸内が五百二十二組織)、欧州百四十七組織、アフリカ三十九組織、北アメリカ二十六組織、オセアニア二十組織、ラテンアメリカ十七組織が、九十九の国と地域をカバーしています。CIPSの業務範囲としては、およそ百七十の国と地域をカバーするとされています。

二〇二〇年十二月末までにクロスボーダー支払い決済処理されたCIPSでの二〇二〇年通年実績は二百二十万五千取引、前年比一七%増。金額は四十五兆三千万元(約七兆米ドル)、前年比三三・四%増になりました(参考までに、中国人民銀行の二〇二〇年度国内支払い決済システムの処理総額は七千百五十一億一千万取引、処理金額六千五百九十八兆元=約一千二十二兆七千万米ドル)。毎年堅実な増加ペースを維持しています。

日本からも三菱UFJ、みずほ、三井住友といったメガバンクがCIPSに参加しています。先進諸国のその他銀行資本からの参加の割合と比較して、日本勢は相対的に多い(積極的である)状況です。

ＳＷＩＦＴを懐柔し、仲間を増やす

本書でも何度か言及した、既存の銀行間国際金融取引インフラ（外国送金の仕組み）であるＳＷＩＦＴ（Society for Worldwide Interbank Financial Telecommunication）。ベルギーに本社を置いて一九七三年に設立し、一九七七年五月からサービスを開始しています。このＳＷＩＦＴを「道」と見立てると、その上を通っていく「車」の多くが米ドルでした。これが第一章で解説した「米ドルが基軸通貨である」という意味です。

二〇二〇年十月時点のＳＷＩＦＴが扱うクロスボーダー決済通貨では一位米ドル四一・七一％、二位ユーロ三八・五二％、三位日本円四・二二％で、人民元は八位一・〇九％（二国間だが、ユーロ・ユーロ間の支払いが多いユーロ域内の支払いを除く。含めればユーロが一位）。

貿易金融では一位米ドル八五・五六％、二位ユーロ七・二九％、三位日本円一・七六％、四位人民元は一・七一％でした。

現在でもＳＷＩＦＴには約一万一千組織が参加していて独占的な「道」のインフラになっています。近年はネット上のサービスで、中継手数料などを節約できるトランスファーワイズ（TransferWise）などの小口国際送金もありますが、まだまだ王道インフラとしてSWIFTの存在感は健在です。

トランプでも破壊できなかったCIPSフレーム

北京中央からの視点では、人民元をSWIFT上で走らせることもひとつの手ではありますが、国際協調・国際的政治圧力が煩わしい。端的に言えば、米国などからのSWIFTへの圧力によって制裁がかかる可能性が残ります。

そこで、決してSWIFTと真っ向勝負するのではなく、SWIFTという「道」で人民元を走らせることもしながら、片や同時並行で自前の「道」をつくっていこうというのがCIPSということになります。理論上は将来的にCIPSの上に人民元以外の通貨も走らせることは可能なのだと思いますが、それはまだ検討の段階でさえないでしょう。

SWIFTで米ドルやユーロなどの外国為替取引（他国の銀行間で取引するケース）をする際の各国中継銀行をコルレス銀行と呼びます。各国に通貨ごとのコルレス銀行があります。例えば米ドルでA国の甲銀行（非米ドルコルレス銀行）からB国の丁銀行（非米ドルコルレス銀行）に国際送金する場合、A国甲銀行からA国乙銀行（米ドルコルレス銀行）とB国内銀行（米ドルコルレス銀行）を経由してB国丁銀行に着金します。

ＣＩＰＳ発足初期の直接参画銀行として、米ドルコルレス銀行であるシティバンクや、ユーロコルレス銀行のドイツ銀行、ポンドのＨＳＢＣが入っていますので、外国為替取引業務に慣れた各国のＣＩＰＳ拠点が構築できたことになります。

過去を「もしも……」で振り返りますと、米国がチャイナのマネー覇権へのチャレンジに対して徹底抗戦する構えだったのであれば、ＣＩＰＳ発足前夜にこれらの銀行に揺さぶりをかけてＣＩＰＳ参加を妨害するという手段もあったのかと思いますが、オバマ政権にはその意思がなかったのでしょう。そして国際的な流れを掴んだチャイナのマネー覇権への計画は着々と進行して、トランプ政権でもこのＣＩＰＳフレームを破壊することはしません（できません）でした。

「揉み手」で近寄るチャイナの思惑

ＳＷＩＦＴと並走するチャイナの仕掛ける「道（ＣＩＰＳ）」に対しては、米国だけではなくＳＷＩＦＴ自身も新しい判断を迫られます。長期的にはマネー覇権という米中の対立ですが、国際決済インフラを提供するＳＷＩＦＴもその国家間対立の影響を多大に受けることになるわけですね。

　産業（サプライ）チェーンにおいても、マネーにおいても、国際的に存在感が増しているチャイナとSWIFTとの綱引きがあります。SWIFTは盟友関係にある米国（や先進諸国）側に立ってチャイナを牽制する「敵」の立場になるのか、それとも第三者的な国際インフラとしてチャイナともうまく共存していく「味方」になるのか。米中対立が激しくなるにつれてその去就が注目されていました。

　SWIFTはCIPSと二〇一六年、二〇一八年に「戦略合作備忘録」に署名しており、二〇一九年六月には北京でグローバル融訊網絡技術（中国）有限公司を一〇〇％子会社として設立しています。

　直近での大きな動向は、二〇二一年二月四日に公表されたもの。SWIFT、中国人民銀行清算総センター、中国人民銀行デジタル貨幣研究所、CIPS、中国支付清算協会が共同出資をして、金融網関情報サービス有限公司（ファイナンスゲートウェイインフォメーションサービス。以下、金融網関）を同年一月十六日に設立していたという発表です。

　この金融網関の業務は情報システム集成、データ処理、技術アドバイスとのことですから、具体的な事業を提供するというよりも、SWIFTとCIPSはとりあえずお互いに唾を付け合っておきましょう、といった雰囲気です。資本金は一千万ユーロ（七千七百五十七万八千元相当）。米ドル建てじゃないところもキナ臭い感じです。

法人代表はＳＷＩＦＴ中国地区総裁の黄美倫《ホゥアンメイルン》氏、董事長（理事長）は程世剛《チャンシーガン》氏。その他ヒラの董事（理事・役員）にはＳＷＩＦＴから三名と、前段でも登場した中国人民銀行デジタル貨幣研究所所長の穆長春氏が就任しています。出資比率は、ＳＷＩＦＴが五五％、中国人民銀行清算総センターが三四％、ＣＩＰＳが五％などとなっています。

これらの経緯や人事的な差配、出資比率を見る限り、いつもの「チャイナは欧州に対して揉み手をして下手に出る」という手法が踏襲されているな、という所感です。

チャイナは、米国を真っ向から対立する長期的かつ最大の競争相手と捉える一方で、その米国と闘っていくためには欧州との協力が是が非でも必要というのが長期戦略です。ですので、時には、内政上で弱腰と見られないように強面も演じますが、基本的にはチャイナは欧州勢に対してはあらゆる領域で「揉み手」をします。

例えば、マネー以外では、環境保護・グリーン・脱炭素という領域でのチャイナ欧州の連携は、チャイナにとって重要な欧州を口説くカードでした。「へっへっへ、すみません。私ら成り上がり者でございまして。欧州先生とはぜひ今後ともうまくヤッてきたいんです。

どうか、どうかよろしくお願いいたします」と、ＳＷＩＦＴをヨイショして持ち上げて、ＳＷＩＦＴに尻尾を振ります。

自分たちのＣＩＰＳと人民元のパワーが大きくなるまでは、対ＳＷＩＦＴ揉み手戦術は続いていくはずです。もちろん、ＳＷＩＦＴ側もここでチャイナからの合作申し入れを無下にして、放っておくわけにもいかない。国際機関としてのうまい立ち回り方が必要です。

国連機関（例えばＷＨＯや人権委員会など）や国際協定での米国の脱退とチャイナの台頭によって、チャイナが国際外交フレームで発言力を増していくことが散見されますが、ＳＷＩＦＴに対しても同じように合法的かつ平和裏にチャイナの浸透工作が進んでいると言えるでしょう。ＣＩＰＳやデジタル人民元におけるＳＷＩＦＴとの共同歩調はさらに深化していく気配です。

「協調」掲げて野望実現、強かなチャイナのヤリ口

ＣＩＰＳからは少し話題がそれますが、もうひとつの大事な人民元国際通貨化への野望に関連する動きは、チャイナと国際決済銀行（ＢＩＳ）との協調です。

二〇二一年二月二十三日に、中央銀行発行デジタル通貨を用いた国際決済銀行のクロス

ボーダー決済構想（Multiple CBDC Bridge　複数中央銀行デジタル通貨ブリッジ）に、中国人民銀行も参加することになったことを、国際決済銀行が発表しました。

チャイナは一九九六年十一月に正式に国際決済銀行に加入し、二〇〇六年七月に当時の中国人民銀行行長であった周小川氏がチャイナ初の理事に選出されました（現在は易綱行長が理事を担う）。ＢＩＳはＳＷＩＦＴよりも遥かに「硬直的」な国際組織なので、新参者のチャイナが簡単に発言権を拡大できるプラットフォームではありません。

今回のニュースでは、もともと国際決済銀行イノベーション・ハブ、香港金融管理局、タイ中央銀行が主導していたクロスボーダー決済開発構想プロジェクトに、中国人民銀行とアラブ首長国連邦（ＵＡＥ）中央銀行の参画が決まったというもの。大御所の国際決済銀行様が新参者で野心家のチャイナに目をかける様子が伝わります。

チャイナとしては国内実証実験を進める傍らで、国際決済銀行の庇護の下、クロスボーダーの実証実験も身勝手ではなく正統な協調パートナーと組んで前進させることができます。しかも同プロジェクトの参加国家は、タイやＵＡＥなど……そう、第五章で詳述する一帯一路沿線国家として重要な役割を果たす国が含まれているわけです。

チャイナと実務的に太い経済交流があるわけですから、同プロジェクトでのクロスボーダー決済に無理なく実験できる国々と言えます。

他の先進諸国が法定通貨のデジタル化に対し研究は進めるものの、社会実装には及び腰な状況で、国際決済銀行が少し前のめりになったプロジェクトに対して、すかさずチャイナが「先生！　お手伝いさせてください！」と懐に潜り込む様子。これは他の国際機関でも見られるチャイナのいつものヤリ口です。同じような臭いがするじゃあーりませんか。

ＣＩＰＳやデジタル人民元を通じて、マネーに関する国際機関（国際決済銀行やＳＷＩＦＴ）に対して「ドブ板選挙」のように戸別訪問して信頼を勝ち得ていくチャイナの手法。意識高くハイテクな国際フレームワークをやると同時に、「（先方のご自宅の前にて、ビシッとしたスーツ姿で）ピンポンピンポン！　先生、近所を通りかかったものでお土産お持ちいたしました！」と振る舞うが如く、有機的に人懐こく籠絡していくチャイナの泥臭いやり口は、なかなかに強かです。

デジタル人民元・通貨総合作戦年表

時期	CIPS・SWIFT	デジタル人民元	チャイナの仮想通貨関連の小ネタ
2009年1月			（ビットコイン運用開始）
2012年初め	中国人民銀行がCIPS構築を決定。		
2012年11月			（習近平指導部発足）
2013年12月			中央銀行やその他5部門から仮想通貨（ビットコイン）への使用警告『ビットコインリスク防止に関する通知』発布
2014年4月		中国人民銀行内にデジタル通貨研究チームが設置される。技術、通貨政策、法律などあらゆる面で研究開始。	ビットコイン中国社（BTCChina）が上海にチャイナ初のビットコインATMを設置。
2014年5月			チャイナ国内銀行10行が各銀行アカウントでビットコイン取引（入出金）を禁止する措置　※12

2015年10月	CIPS（1期）オンライン運用開始※1		
2016年1月		中国人民銀行デジタル貨幣研究討論会が北京で開催され、2015年度に研究が進んだとして周小川行長が近い将来の「デジタル人民元」の発行を明言。デジタル人民元へブロックチェーン技術利用、また民間仮想通貨リスクを語る。※6	
2016年3月	SWIFTとCIPSが「合作備忘録」に共同署名		
2016年7月	直接参加銀行、追加8行※2		
2017年1月		中国人民銀行直属機関として「中国デジタル貨幣研究所」が正式発足。※7	
2017年9月			中国人民銀行、工業情報化部、中国銀行業監督管理委員会内7機関連名で仮想通貨ICO（新規通貨

			公開）の禁止政令。中国政府がICOを違法行為と規定。※13
2018年3月		中国人民銀行貨幣金銀工作会議にて、デジタル通貨の推進と各種仮想通貨の「整理整頓」が宣言される。※8	
2018年5月	CIPS（2期）オンライン運用正式開始。全世界金融市場を24時間カバー可能な体制に。※3		
2019年4月			国家発展改革委員が『産業構造調整指導目録（2019）（意見公募中）』において、「淘汰類」のひとつとして仮想通貨マイニング産業を指定。※14
2019年6月	SWIFTがグローバル融訊網絡技術（中国）有限公司（100％子会社）を設立 ※4		
2019年7月		中国人民銀行主導の「デジタル金融開放研究計画始動式典	

		および第1回学術研究討論会」開催。※9	
2019年8月			パブコメの結果、『産業構造調整指導目録（2019）』の「淘汰類」から仮想通貨マイニング産業が削除される。※15
2019年9月		中国人民銀行はデジタル通貨について「クローズド環境試験」を既に開始していると発表。※10	
2019年10月		党中央集団学習会、暗号法可決成立、上海外灘サミットでデジタル人民元DCEPの社会実装が開始されると発表。	
2019年11月			再度横行し始めた「ブロックチェーン詐欺」を取り締まる名目で、上海、北京、東莞、杭州、深圳、河南等で仮想通貨取引やICOへの監督取締を強化。※16

2020年8月		商務部からデジタル人民元の実証実験地域が発表される。※11	
2020年12月	2020年の通年実績は220.5万取引、45・3兆元（約7兆米ドル）を達成。		
2021年1月	SWIFTがCIPSや中国人民銀行傘下機関等と共同出資で金融網関情報サービス有限公司を設立。		
2021年1月		国際決済銀行（BIS）が主導する国際的なクロスボーダー決済プロジェクト「Multiple CBDC Bridge」にタイ中央銀行、香港金融管理局、UAE中央銀行と並んで中国人民銀行が参加。	
（2021年2月現在）	（2016年8月以降に加わった直接参加機構）※5		

※1：直接参加銀行（当時）は、中国工商銀行、中国農業銀行、中国銀行、中国建設銀行、交通銀行、華夏銀行、民生銀行、招商銀行、興業銀行、平安銀行、上海浦東発展銀行、HSBC（中国）、シティバンク（中国）、スタンダードチャータード銀行（中国）、DBS銀行（中国）、ドイツ銀行（中国）、フランスパリ銀行（中国）、オーストラリアニュージーランド銀行（中国）、東亜銀行（中国）の計19行。金融通信メッセージにはISO20022の国際規格を採用。英中両言語での通信伝送可能。SWIFT MT（SWIFTのメッセージング）との互換性完備。

※2：追加された直接参加銀行（当時）は、中信銀行、広発銀行、上海銀行、江蘇銀行、三菱UFJ銀行（中国）、みずほ銀行（中国）、恒生銀行（中国）、中国銀行（香港）人民元清算所の計8行

※3：試用は同年3月から。

※4：2019年6月6日設立。登録資本金630万ユーロ（4941・2万元相当）。2008年9月に設立登記されている登録資本金97万ユーロのグローバル融訊網絡技術服務（北京）有限公司は前身組織。

※5：中国光大銀行、JPモルガン・チェース銀行（中国）、城市商業銀行資金清算センター（CCFCCB）、網聯清算（NUCC）、三井住友銀行（中国）、中国工商銀行（アジア）、国家開発銀行、銀行間市場清算所（上海清算所）、中央国債登記結算、中国郵政儲蓄銀行、農信銀資金清算センター、交通銀行ソウル人民元清算所、中国工商銀行シンガポール支店、中国銀行マカオ支店人民元清算所、中国銀聯、中国建設銀行ロンドン支店

※6：チャイナ内が世界のビットコイン取引の60％を占めていたが、法定通貨のような法律的地位が認められないとして、一般に向けてリスクを通知した形。

※7：このときまでに、分散型台帳のブロックチェーン技術をベースにした「デジタル手形取引プラットフォーム（数字票据交易平台）」の試験が成功していた。当時はこのプラットフォーム上で法定デジタル通貨が運用されることが想定されていると発表されていた。

※8：当該会議では、習近平指導部の掲げる「五位一体（経済建設、政治建設、文化建設、社会建設、エコ建設）」のために反偽造貨幣メカニズムを構築するとも語られているので、デジタル人民元の推進と仮想通貨の駆逐はマネロ

ンなどの犯罪を叩くための情報統制という文脈があるということを、この頃から強く感じられた。

※9：デジタル通貨が通貨政策の有効性を高める。中央銀行デジタル通貨（CBDC＝このときはDCEPという表現ではなかった）が、新しい通貨政策ツールとなると、中国人民銀行研究局局長の王信氏の発言。

※10：『中国日報China daily』上にて中国人民銀行の行員からの情報として伝えられたもの。ビジネス主体や非政府機構で疑似支払が行われたものとして試験された。

※11：商務部『サービス貿易イノベーション発展全面深化試験地点総体方案に関する通知』によって、深圳、蘇州、雄安新区、成都、2022北京冬季オリンピックでのデジタル人民元利用実証実験決定を発表。

※12：2014年4月に中国人民銀行が発布した『中国金融安定報告（2014）』において、ビットコインの法的立場がない事や投機的な存在であることから「通貨」ではないことを強く主張していたことを受けた各商業銀行の動き（ビットコイン国際サミットがチャイナ内で開催される直前のタイミング）。

※13：『防范代幣発行融資風険的公告』。国際的な反マネロン機構のFATF（Financial Action Task Force on Money Laundering　チャイ語：反洗銭金融行動特別工作組）とも連携。また同時期に当局からの規制によって、9月をもって火幣網、雲幣網、OKCoin幣行のチャイナ三大仮想通貨取引所にて人民元との交換が停止。

※14：全世界のマイニング工場の約7割がチャイナに存在し、チャイナのマイニング工場の約7割が四川に置かれているという情況であった。奨励類、制限類、淘汰類まで強権で設定するところがチャイナ的紅い鉄槌。ビッグデータ、通信設備、クラウドコンピューティングなどは奨励類。仮想通貨マイニング、生態破壊的観光活動、薬用材など農林産品採取等が淘汰類に。

※15：当該目録は、2019年8月27日国家発展改革委員委務会議審議通過、2019年10月30日正式公布。パブコメで淘汰類から仮想通貨マイニングが削除された理由は公開されていないが、余剰電力（特に四川雲南地区の余剰電力）を使うことができること、マイニングのコアCPUに中国製造のものが利用できること、マイニング地域の経済振興に繋がることなどがあると言われる。

※16：党中央の集団学習会によって加熱気味になっていたブロックチェーン技術を謳った犯罪が増えたため。翌月12月には、２０１７年9月に発布された「※13の公告」に従って、中国インターネット金融協会が仮想通貨とＩＣＯの取引について『ブロックチェーンを騙ったＩＣＯと仮想通貨取引の防止に関する注意喚起』を発表し再警告。

第三章

金融産業という「巨大な紅い戦車」

チャイナ金融産業と金融都市の国際化

人民元の基軸通貨化の総司令部が中国人民銀行とすれば、チャイナの大手金融機関は司令部直属組織として動く重要な手足です。四大国有銀行の中国工商銀行、中国建設銀行、中国銀行、中国農業銀行や、中国平安保険と中国人寿保険などは保険業以外にも投資銀行、商業銀行としても大規模に展開しており、人民元の主要な担い手であると言えます。

ところで、アントフィナンシャル上場延期のような、フィンテック領域について金融産業とICT産業（ネット企業）の利害調整でひと悶着あった（今後もあるだろう）ことは前章でご紹介しましたが、本段ではICT産業の担うフィンテックも含めて、まとめて金融産業と呼んでいます。

チャイナの対外的な国際開発金融については、それを本業とする中国輸出入銀行や新設のAIIBなどがありますが、その他に今や金融機関株式時価総額世界ランキング上位十行の常連である四大国有銀行（商業銀行）や大手保険会社なども、中国人民銀行から発せられる人民元の対外政策・国際化政策についての命令に規律正しく確実に従っています。

株式時価総額が金融機関のパワーを決定づけるわけではないものの、近年は我が国からは国内最大商業銀行の三菱ＵＦＪフィナンシャルグループのみが同ランキング上位十行に入るか入らないかという規模ですから、チャイナ四大国有銀行をあわせたバカデカさは、まさに〝巨大な紅い資本〟と言えます。

これらの商業銀行もまた動くべくは動く、止まるべくは止まる、という官民完全一体の軍隊式ムーブをします。党指導部の最上位政治的情勢判断を受けて、人民元の国際化をペンディングする、または人民元の国際化を進める、といった中国人民銀行のブレーキとアクセルに対して、商業銀行の世界に点在する末端支店までが中枢意思を反映して即座に動くというのは、なかなかに恐ろしい〝巨大な紅い資本兵団〟です。

チャイナがデジタル人民元やＣＩＰＳといった武器を使うにも兵隊がいなければ始まりません。それら兵隊がマシーンのように一糸乱れぬ動きであるというのは武器のパワーを最大限に引き出します。

仮に、デジタルユーロが実装されるとして、ユーロの担い手であるＥＵ圏内金融機関がどれだけデジタル通貨化施策に積極的に動くのかについては未知数ですが、少なくともチャイナの高シンクロ金融産業兵団（中国人民銀行軍）には及ばないでしょう。

それだけをもって、デジタル人民元がデジタルユーロよりも普及に向けて競争が優位だ、という話ではありませんが、ひとたびデジタル人民元が国際化に向けて動き出したときには大規模な動きが可能で、かつ機動性が大変高いということになります。

金融センター都市の競争力増強中

二〇二一年三月に最新データが発表された「国際金融センター指数（GFCI＝Global Financial Centres Index)」のGFCI29。イギリスのシンクタンクZ／Yenが二〇〇七年から開始した国際的な金融センター都市の競争力をスコア化したもので、毎年三月と九月に発表されています。

二〇二〇年九月に発表されたGFCI28と上位の顔ぶれを比較すると、バンクーバーのランク上昇、東京とサンフランシスコのランク低下が目立ちます。特に第十一位以下はランクの上昇と低下が激しいです。

「当局規制がゴリゴリでチャイナの金融には発展性がない」と断罪する言論がある一方で、リアルビジネスの世界ではチャイナの金融都市が受け入れられ、次第にランキングを上昇させていることが見えてきます【図4】。

日本国内に限った話になりますが、希望的観測を多分に含む右派保守言論界と実業界の

【図4】　世界金融センター指数（GFCI）※2021年3月

順位	都市	前回順位	
1位	ニューヨーク	1位	→
2位	ロンドン	2位	→
3位	上海	3位	→
4位	香港	5位	↗
5位	シンガポール	6位	↗
6位	北京	7位	↗
7位	東京	4位	↘
8位	深圳	9位	↗
9位	フランクフルト	16位	↗
10位	チューリッヒ	10位	→

認識不一致は大きいものであると言えましょう。言論人が実業家に向けて、「国益を無視した拝金主義！　チャイナに擦り寄る売国奴！」などと揶揄したところで何も始まりません。実業家の置かれた客観的な状況を踏まえた上で、実業界が受容可能な範囲でチャイナへの適切な警戒を提示するのが本来の言論の姿なのだと思います。

チャイナはこうした国際的なランキングをプロパガンダにも利用し、「金融大国から金融強国へ」と鼻息を荒くします。ＧＦＣＩ29にはトップ10入りした上海、香港、北京、深圳の他に広州、成都、青島、杭州、天津、大連、西安、南京、武漢などの都市が大陸からランキング（百十四都市）入りしています。

「人民元国際化の拠点」、着々と進む計画

二〇〇八年から始まった民間有識者が金融を討論する中国金融四十人論壇（CF40＝China Finance 40 Forum）というNGO活動のフォーラムがあります。四十歳前後の四十名の新進気鋭識者から構成されていて、注目度が高いフォーラムです。

現在のCF40学術委員会主席は清華大学経済管理学院教授の銭穎一《チエンインイー》氏。権威あるハイレベルな政府機関関係者も多く入っていますので、NGOとはいえ、産官学連携の金融識者横串を通じて実際の政策策定にまで影響を与える組織と言っても過言ではありません。

二〇二〇年にCF40が発表した「径山報告（The Jingshan Report）」では、統一的かつ包括的なクロスボーダー投融資システムの整備と開放、開放的かつ多元的で、機能が完備され、柔軟性に富み、高い競争力を有する外国為替市場システムの構築、人民元建て金融資産を基盤とする国際金融センターの設立が提案されていました。

CF40の成果を発表する専門誌『新金融評論』も創刊されていて、その発行主体となる上海新金融研究院の副院長・劉暁春《リュウシャオチュン》氏は、米ドルを基盤とする拠点ニューヨーク、ポンド拠点ロンドン、と並んで人民元基盤の金融都市拠点を設置するチャイナの国策としての重

要性を語っています。オフショア市場はチャイナ周辺国（シンガポールなど）でも可能であるけれども、メイン市場はチャイナ内にあるべきだとしています。

彼らCF40の考えの中核には、人民元の国際化には、取引の主要通貨として人民元が使用されるだけでなく、人民元が準備通貨に採用され、国際投融資においても人民元で貸付や債券発行を行うようにしなければならない、という認識があります。

二〇〇〇年代までのチャイナの国際金融都市概念は、人民元の国際化という方向性は薄かったので、外資系金融機関の誘致がメインでありました。二〇一〇年代はその方向性が修正され、部分的に人民元建ての融資・投資・金融取引の中心的機能を持った国際金融センターをつくることを目的として動いてきたという経緯があります。

二〇〇九年四月に国務院が公布した『上海における現代的サービス業と先進的製造業の発展加速並びに国際金融センターと国際海運センター建設の推進に関する意見』では、二〇二〇年までに上海に「中国の経済力と人民元の国際的地位にふさわしい国際金融センター」を完成させることが打ち出されています。

二〇一九年一月には、中国人民銀行、国家発展改革委員など八つの部門が共同で『上海国際金融センター建設行動計画（二〇一八―二〇二〇年）』を公布しました。同計画では、上海を、グローバル資産管理、クロスボーダー投融資サービス、フィンテック、国際保険、CIPS、金融リスク管理とストレステストの六大センターとし、世界一流の優れた金融エコシステムを確立することが掲げられています。

こちらは事実上、二年間での上海市金融機能ブースト政策なので、チャイナにしては珍しく超短期で大きなタマを投げたな、と僕は思いました。タイミング的には米トランプ政権からのチャイナへの金融制裁が囁かれだした時期とも重なるので、万が一に備えてチャイナ側が人民元を基盤とした金融都市機能を上海に持たせることを示唆した外交メッセージであり、実務上のリスクヘッジであったのだろうと考えます。

これに続く形で、トランプ政権による「強い金融制裁が無いであろうこと」が判明した二〇二〇年十二月に、上海市から『上海国際金融センター建設目標と発展建議』が改めて発布されました。国レベルでの二〇一八年の上海国際金融センター化の大号令と二〇二〇年末の「十四五（第十四次五カ年計画、二〇二一～二五年）」および「二〇三五年までの長期目標の綱要」を統合調整する形で、短期と中期での市政府レベルでの国際金融センター化の具体的施策・ロードマップを打ち出したものです。

こちらは二〇一九年一月当時の爆速トランプ政権アタックに対応したときに比べて、スピード感が通常モードに戻っているので、ゆるやかに堅実に人民元基盤の上海国際金融センター化を目指す姿勢が打ち出されています。

いずれにしても、遅かれ早かれ、人民元国際化の拠点たる人民元を基盤とした国際金融都市がチャイナ国内に登場することが計画されています。

巨大産業クラスター実験構想

上海市は人民元を基盤とした国際金融都市の第一候補になりますが、それ以外の選択肢として、上海に米ドル基盤を残し、その他の金融都市を人民元基盤にするという戦略的代替案があります。二〇二〇年六月に党中央と国務院が合同で公布した「海南自由貿易港建設全体方案」を受けて島内全域を自由貿易区としている海南省、西部の三大「インフルエンサー」都市の重慶、成都、西安などの動向も目を離せません。

直轄市としての政治力を活かした重慶は「内陸国際金融センター建設」という目標を国家級プロジェクトに入れ込むことに成功しましたし、西安は「シルクロード金融センター」というポジションで名を上げようと必死です。成都は独特の地の利を活かし「西部金融センター」というポジションで争います。

こうした各有力都市の領導幹部が、国際金融センター化に成功したという実績を持てば、北京中央入りしたときに党最高指導部への道が開かれるため、ダイヤモンドの原石争奪戦のようにガチンコで闘います。

日本の各地方自治体の場合、首長が他の地方自治体と比較される政治リスクを特段負わないため、横並び箱モノ行政が異常なまでに蔓延《はびこ》って、国家財政には無頓着で地方利益誘導を優先させるような社会主義的行動をとりがちです。

それに対し、〝紅い国家〟であるチャイナの地方政府領導幹部らは、中間管理職出世競争のために熾烈な自由競争にさらされていて、国家と地方のともに実利に繋がる施策成就のためにひたすら汗をかく、という構図があります。このイデオロギーと実務の逆転ねじれ現象は皮肉と言いますか、大変面白い現象です。

チャイナ領導幹部はそれで無理をやって汚職や殺人までヤラカシちゃうこともあるので、僕はそのチャイナ式メカニズムを賞賛するわけではありませんが、チャイナ式にも都市開発と効率化の強みはあるわね、とは認識しています。

見逃せないのが、大型の社会実験となる特大級の産業都市クラスターです。新コロ禍で有名になってしまった「クラスター」という単語ですが、産業構造においても以前から一般的に使われる用語です。

単純に企業が多く集まった産業集積というよりも生態的な概念を含んでいて、ある産業を支える金融やサプライチェーン、販売網、さらにはそこで働く住人世帯の住環境、学校や病院など、都市構造まで含めた統合的な概念が産業クラスターと言えます。

チャイナの有名な産業クラスターは、古くはICT都市となった深圳や、貿易と金融都市となった香港などがあるわけですが、これらの主要な産業クラスターを統合してさらに大きな産業クラスターにしてしまえ、というビックリドッキリな構想が「粤港澳大湾区（広東・香港・マカオ、グレーターベイエリア）構想」です。

日本の首都圏や、米国サンフランシスコ・ニューヨークといったメガロポリスと並ぶか、それを超えようとする多機能な巨大都市圏構想です。

これを構成するのが「9＋2」都市郡。広州・深圳・香港・マカオの四つの中心都市と、珠海、佛山、恵州、東莞、中山、江門、肇慶の中核七都市で合計十一都市です。9＋2というのは九の大陸都市と二の特別行政区を指します。機能意義上の4＋7と形式行政区上の9＋2が混同しそうになりますが、全部で十一都市というのは同じ構成です。

大湾区の一帯一路における連接関係

粤港澳大湾区構想は、香港と広州の自由貿易港、深圳のハイテク産業、香港の金融産業などを中核産業とした近未来で発展余剰のある産業を集めているイイトコ取りの巨大産業クラスターになります。商圏としての一帯一路連接の役目も担っていて、西にある北部湾経済区との連接を中心に、海南島海口、昆明、貴陽、長沙、厦門などへと都市を繋ぐ大きなハブにもなっています。本書では粤港澳大湾区機能ひとつひとつの説明を省きまして、その金融機能に注目します。

粤港澳大湾区金融機能としては、金融都市機能強化、区内金融の円滑化、クロスボーダーファイナンス（国際金融）の強化、金融サービスのイノベーションなどが期待されています。二〇二〇年五月、中国人民銀行など四部門が共同で交付した『粤港澳大湾区建設への金融支援に関する意見』では、特にクロスボーダーファイナンスが取り上げられています。

上海市などが国際金融センターを掲げているのに対して、粤港澳大湾区は国際金融ハブと位置づけられているので、イメージ的にはネットワーク上の「サーバー」と「ノードの集合体」のような差異があるように思われます。

香港と深圳の闘いも興味深いところです。ご存じの通り、香港は国際的な金融ハブとしての機能を持っていましたので、「老舗」とも言える金融都市の強さがあります。そこに登場したのが金融機能面でもチャレンジするニューカマーの深圳です。

香港からすれば、「深圳君はハイテク産業だけ頑張っとれよ」、というところなのでしょうが、北京中央が金融機能でも深圳と香港に対して時にはバトル、時には協調といったように切磋琢磨させようと画策しているものですから、両都市の領導幹部は大変なもんです(香港は一応の形式的な「一国二制度」なので党領導幹部は存在しないことにはなっていますが)。

粤港澳大湾区および中国の特色ある社会主義先行モデル区という「双区駆動」戦略なるものがあります。意味不明な禍々《まがまが》しい名前ですが、社会主義型グローバル経済戦略のようなイメージで捉えておけばいいでしょう。

うまくいくかは別にして、チャイナのいつもの統制経済と自由経済のイイトコ取りを画策する手法です。それでこの「双区駆動」戦略に基づいて、深圳市は「グローバル・フィンテックセンター」「グローバル・サスティナブルファイナンスセンター」という二大ポジションを目標に掲げました。香港の既得権益的な古臭い金融産業に対して、深圳はネット企業の強みを活かしてフィンテックで闘うぜ、というポーズです。

一方で、北京中央は香港と深圳を協調させることにも力を入れます。二〇一六年十二月に稼働した深圳・香港ストックコネクト「深港通」は、香港市場を通じた深圳A株売買と、深圳市場を通じた香港株売買を可能にするものです。

深港澳金融ハイテク人材育成計画では、深圳・香港・マカオ地域におけるフィンテックや金融工学のスペシャリストを国策として育成しています。

大湾区内の都市間競争と協調を仕掛けることで、深港国際金融ハブないしは深港国際金融センターへと、北京中央がうまく手綱を引いて先導している様子が見えてきます。

ネット企業も金融業に参戦

直接的ではないもののデジタル人民元の普及に影響するであろう、上流と下流の重要な施策を紹介しておきます。比較的新しい施策ですが、人民元国際化の「守護神」へと大化けする可能性を持ちます。まずはわかりやすい下流域について。

各国のデジタル銀行への取り組みです。デジタル銀行は実店舗を持たずスマホアプリを利用してオンライン空間上で金融サービスを提供するもの。若干古い記事ですが、米調査会社マーケッツアンドマーケッツによると、デジタル銀行の国際的な市場規模は二〇一八年に三十三億ドル（約三千五百億円）で、今後は年平均一一・二％の成長が続き、二〇二三年には五十七億ドルに達する見通しだそうです（日本経済新聞二〇一九年八月十日）。

チャイナ国内でもネット企業のフィンテック事業や既存の金融機関によってデジタル銀行設立の動きが活発化しています。二〇一五年六月に開業したアリババ系アントフィナンシャル傘下の網商銀行や、二〇一五年八月に開業した（アプリ公開された）テンセント＆中国平安保険系の微衆銀行、二〇一六年十二月に設立されたＯ２Ｏ（Online to offline）サービスネット企業の美団《メイトゥアン》（旧名・美団点評）が主要株主の億聯銀行、そして既存の実店舗型商業銀行が直接展開する各行傘下デジタル銀行があります。

二〇二〇年十二月に「第四回中国デジタル銀行フォーラム」が挙行されました。同フォーラムは二〇一七年の第一回からカウントしてのべ七百組織、のべ一千六百人が参加しているそうです。会を盛大に見せるために、主催者は累積でのべ人数を発表しているようです。国務院参事、中国銀行保険監督管理委員会の元副主席らという渋くて華々しくはないメンバーが同フォーラムトップクラスのＶＩＰというところから見ると、チャイナ内では業界としてはまだまだ小さいのでしょう。ただし、毎年参加者人数が伸びているということで、今後の成長可能性はあるとは思います。

経済データベースサイト零壹財経などが発表した「二〇二〇年スマホ銀行デジタル競争力トップ100」では、ブランド力や機能性など四つの要素からランキングが算出され、トップから中国工商銀行（6869）、中国建設銀行（6550）、招商銀行（4084）、農行拿上銀行（4845）、平安口袋銀行（3331）、中国銀行スマホ銀行（2916）など大手商業銀行のデジタル銀行が並びます。デジタル専業銀行は二十一位に微衆銀行（90）、三十二位に網商銀行（269）などが入っている程度です（カッコ内の数字は、月間アクティブユーザー数）。それでもネット企業が金融業に参入していけるのはネット企業にとってビジネス的なシナジーも生み出しますのでメリット多し、といったところで進められてきました。本書では理財商品など細かい説明は省きます。

機動力ある「人民元尖兵隊」

シンガポールが二〇一九年にデジタル銀行の免許交付を審査公募したところ、こうしたチャイナ国内のデジタル銀行の状況を背景にして、チャイナのフィンテック企業が手を上げました。すでにチャイナ国外に金融サービスチャネルを持っているチャイナ大手商業銀行と異なり、新参のチャイナフィンテック企業らは国外の拠点を得てクロスボーダーサービスの基盤を獲得しようと鼻息を荒くします。数社が複数のコンソーシアムグループを組んでシンガポール当局に申請しました。チャイナ資本以外もすべて含めて個人から預金を預かり全面的な金融サービスを提供可能な「フルバンク免許」申請が七件、法人向けの「ホールセール免許」申請が十四件あったそうです。

中央銀行にあたるシンガポール通貨金融庁によれば、二〇二〇年十二月に申請があったグループの審査が完了し、四グループへのライセンス公布が決定しています。「フルバンク免許」はシンガポール純血系の二グループへ。これは妥当な判断でしょう。そして「ホールセール免許」は二グループで、ともにチャイナ系でした。アントフィナンシャルと緑地金融・聯易融数字科技集団・北京中合供銷の三社連合です。

金融都市ロンドンを抱える英国、香港そしてシンガポールと、金融産業に目端が利く地域がデジタル銀行の門戸を開きだしたのは業界のトレンドとして象徴的です。

この世界的なフィンテックの流れにチャイナのネット系企業の資本が入っていくとなれば、チャイナ国内と世界各地の金融サービスが繋がるため、彼らは既存のチャイナ金融機関とは別働隊のデジタル人民元の担い手として十分に世界各地の尖兵隊となり得ます。これがデジタル人民元の下流域でのピンポイント展開になってきます。下流のピンポイント一本釣りも、各地で多発することになれば大きな世界的動きとなる可能性があります。

当たれば大きい！　次世代プラットフォーム候補としてのBSN

続いては、チャイナにとっても成功の可能性が読みきれないものの、成功したらリターンが莫大な作戦のご紹介です。

どれだけデジタル人民元に関わるようになってくるのか、技術的にも明確になっているわけではないプロジェクト。デジタル人民元も含めたあらゆるブロックチェーン技術に関わる基礎産業・応用末端ビジネス・学術・行政システムなどに影響するであろうBSN（Blockchain-based Service Network）です。

ブロックチェーン技術の最上流に位置するプラットフォームで、運河と言うか、巨大ダムと言うか、とにかく成功すればポテンシャル無限大です。

例えるならこういうことです。現在、米国企業がPCやスマートフォンのOSを握ったことでデジタル端末回りの利益を独占的にし、今はGAFAとしてネット上のサービスプラットフォームでも独占的な立場にいます。チャイナは国内でBATらの巨大ネット企業を育てて、将来的にはＢＡＴらとＧＡＦＡが世界で闘うのかもしれません。その傍らで、全く別の領域でグローバルスタンダードをつくりかねないのがＢＳＮです。

仮に、このチャイナの戦略的プラットフォームが世界的に利活用されるようになると、世界のブロックチェーン技術を利用したサービスはこのネットワーク無しには存在し得ないくらいの強力なサイバーインフラとなる可能性を秘めています。パナマ運河もビックリのポジション上の強力な権益を生むはずです。

実は、二〇一九年十月十五日、デジタル人民元が大きく政治的に動き出す直前に、別の山が動いていました。国家情報センター（State Information Center）が中心となってチャイナモバイルと中国銀聯が主催、北京紅棗科技有限公司が共催組織として名前を連ねたブロックチェーンサービスネットワーク（ＢＳＮ）発布会および技術発展サミットフォーラムが北京で開催されていたのです。

国家情報センターとは、国家発展改革委員会傘下の組織で、正式名称は国家電子政務外網管理中心。一九八七年一月に発足し、もともと国家直属の政策立案・シンクタンク機能が強かったところに、近年はデジタル行政・デジタル統治の主要な役割を担うセクションになってきました。

ここが中心となって開催したサミットでは、名目上、官民組織が複数集まったBSN発展聯盟（BSN Development Association）という独立合議組織がBSNの制度設計、技術開発、運営、価格等を決定することが公表されました。

現在までに三回の新規加盟組織がありまして、二十五組織が構成メンバーです。恥ずかしながら僕は当時この小さなイベントで発表されたチャイナの戦略的なBSN構想を、二〇二〇年の正式ローンチまで見落としていました。

本書ではデジタル人民元にフォーカスをあてますので、BSNの詳細な解説はまた別の機会に委ねますが、運用の幅が広がってくればデジタル人民元と同レベルの巨大なインパクトになります。そしてBSNはデジタル人民元とも関連します。

BSNはブロックチェーンのOS・インフラネットワークであって、ブロックチェーンのインターネットとも言うべきサイバー空間のインフラ構想です。例えば新たにブロックチェーンを開発する者は、このBSNにサクッと乗っければ簡便に運用できる、といったざっくりとした理解でよいでしょう。

パソコンにはWindowsやMacなどのOSがありますが、そうしたOS上のソフトウェア開発のように、ブロックチェーンを何かに導入したい場合にはBSN上に低コストで簡単に導入できるといったものです。

二〇一九年十二月に内部実証実験をスタートし、二〇二〇年四月に正式にローンチ・リリースされました。とりわけ、二〇二〇年四月に国家発展改革委員会が記者会見で公表した「新基建（新型インフラ建設）」においてもブロックチェーンの新技術開発導入が重視されています。

国家発展改革委員会のGOがあるということは大きな政策的意図が後押ししていると捉えて構いません。同発表において、「新基建」について「通信ネットワーク、情報インフラ、融合インフラ」を三大範疇としています。BSNも新しい社会インフラとして国家レベルで箔付けされる対象となったと言えます。

日本の数歩先を行くチャイナのブロックチェーン実務実装

中国特許保護協会が二〇二〇年七月に公表した調査によれば、チャイナがブロックチェーン関連で取得した特許は、二〇一七年に百六十一件、二〇一八年に六百四十三件、二〇一九年に一千七百九十九件になっています。近年のチャイナ勢の増加数が顕著です。

二〇二〇年五月十四日までの全世界総累計特許数は三千九百二十四件で、国別シェアに換算すると米国が三九％、韓国が二一％、チャイナが一九％、日本が六％と続きます。アリババグループは保有特許数が全世界一位で二百十二件、次いで米国ＩＢＭが第二位で百三十六件、第三位は韓国のコインプラグ（coinplug）が百七件になっています。

チャイナでのブロックチェーン応用導入例はすでに枚挙にいとまがありません。悲しいかな「デジタル化を頑張りましょう」云々で停滞してしまっている日本のそれとは雲泥の差がついていまして、日本人の多くはブロックチェーンとはなんぞや、といったことに想像が及ばないようにも思います。

金融向けブロックチェーンでも、非金融向けブロックチェーンでも、本書の最初に挙げた二〇一九年十月の集団学習会を皮切りに、公共セクターも含めてチャイナ社会に一気に浸透しつつある様子です。

最もビジネス的に進んでいる銀行業務では、中国工商銀行のブロックチェーンサプライチェーンファイナンス、中国農業銀行のブロックチェーン住宅ローン。ゲームでは仮想空間上のゲーム資産売買、知財保護（版権取引）、ＩｏＴ（モノのインターネット）。医療分野の薬品流通トレース、医療保険。クラウドコンピューティングやシェアリングエコノミー。農産品の原産・取引記録、公文書保存、などなど行政、教育、ビジネス、生活一般などあらゆる領域にブロックチェーン技術が導入されてきています。

社会の信頼性が低いからこそ求められる技術

改ざんされにくいというブロックチェーン技術のメリットが、もともと偽物・コピー蔓延の強烈な不信社会のチャイナにとっては、その不信を低コストで取り除く担保システムとして受容されたとも言えるかもしれません。

例えば、日本の近所のスーパーで「このリンゴは、○○町の農家、△△さんが丁寧に生産しました！」と手書きで記してあれば日本人はそれを信用するし、その情報は社会的信用という伝統インフラによって担保されているわけです。

スーパーも自由商売だし好き勝手に嘘をつくだろうと考えるチャイナの社会とは信用構造が違うということがあります。日本は伝統的信用インフラが強かっただけに、市場取引で改ざんされにくいというメリットが発揮し難い、そのためブロックチェーン技術導入に積極性が欠けることに繋がります。

ブロックチェーン技術は、一点ものの美術品・おもちゃ・フィギュアなどでもアナログな鑑定士を介在させる必要なく、デジタルで低コストに本物保証されるので非常に便利です。デジタルデータを資産化するＮＦＴ（Non-fungible token）も然り。個人的にはブロックチェーン技術は社会のあらゆる領域に、低コストで導入活用できるので便利だと考えます。

なぜＢＳＮが最初から世界戦略を目指しているのかという点について。二〇二〇年四月スタートから数カ月後には、チャイナ国内向けのＢＳＮ（BSN China・ＢＳＮ中国https://bsnbase.com/）とチャイナ国外向けＢＳＮ（BSN International・ＢＳＮ国際https://global.bsnbase.com/八月十日スタート）のネットワークを分割しただけでなく、ＢＳＮ中国は国家情報センター主体の管轄、ＢＳＮ国際は北京紅棗科技有限公司を含む多国籍協議組織の管轄分離を公表しているからです。

ＢＳＮ中国とＢＳＮ国際は技術的にも管轄としても形式的には完全独立を謳っています。もちろんチャイナのことですので、水面下では如何様にも当局の意思をＢＳＮ国際に働かせることができるようになっているとは思います。ＢＳＮ発展聯盟のＢＳＮ国際に対する関与度合いは今のところ曖昧です。

二〇二〇年四月時点で工業情報化部が発表した第一期全国ブロックチェーン分散型台帳技術標準化技術委員会の名簿には、工業情報化部副部長を主任として、中国人民銀行デジタル通貨研究所副所長が副主任のひとりに、ヒラの委員には政府部門、大学識者および人民解放軍からだけでなくファーウェイ、アントフィナンシャル、百度、京東、テンセントなどのICT・ネット企業らも名前を連ねます。

チャイナのブロックチェーン技術の産学官中枢がフラットに集まった委員会ですので、トップレベルの政治意思決定の直下で機動的に動ける組織として設置されていると判断されます。同委員会はBSN中国に関与し、ひいては間接的にデジタル人民元に関与することになるでしょう。

BSN中国はプライベート型およびコンソーシアム型のブロックチェーン技術に対応し、BSN国際はプライベート型とコンソーシアム型に加えてパブリック型（既存のビットコインのような仮想通貨など）にも対応します。

国情にあわせてチャイナの国内向けには統制強化したBSNを活用し実用化ノウハウを蓄積します、そしてその技術とノウハウをもって国外では安全保障の一角にもなり、経済的に莫大な利益をもたらし得るプラットフォームビジネスとしてのBSNを進める方向性です。

チャイナ内で実験段階ではなく、すでに官民ともに実務で利用されるブロックチェーン技術。そのプラットフォームを国内だけでなく国外にも提供するというBSN国際の動静は注視する必要があります。

「チャイナ総取り」もあり得る大きな脅威

前述の二〇一九年十月のBSN発布式典でも、民間企業としてBSN社会実装の中心的立場であった北京紅棗科技有限公司（Red Date Tech）。社名は「紅いナツメ」を意味します。二〇一四年九月に設立された若いスタートアップ企業で、登録資本金は一千四百四十四万四千四百元。資本金わずか約二・四億円のネット企業が暗躍するチャイナの世界戦略。何か政治的背景を感じますが本書では深掘りしません。

一帯一路がリアル世界での地球規模の各地拠点をチャイナがつくり上げるインフラ投資だとすれば、BSN国際はサイバー空間上の各地拠点（ノード）をチャイナが抑える構想でもあります。「紅いナツメ」が現在取り組んでいるのが、デジタル人民元のBSN上での運用。

デジタル人民元は純粋なブロックチェーン技術を利用したものではありませんので、一部をBSN上で運用という形が想定されているのだと思います。

他国中央銀行発行デジタル通貨のブロックチェーン技術利用部分をBSN上に乗せること

【図5】

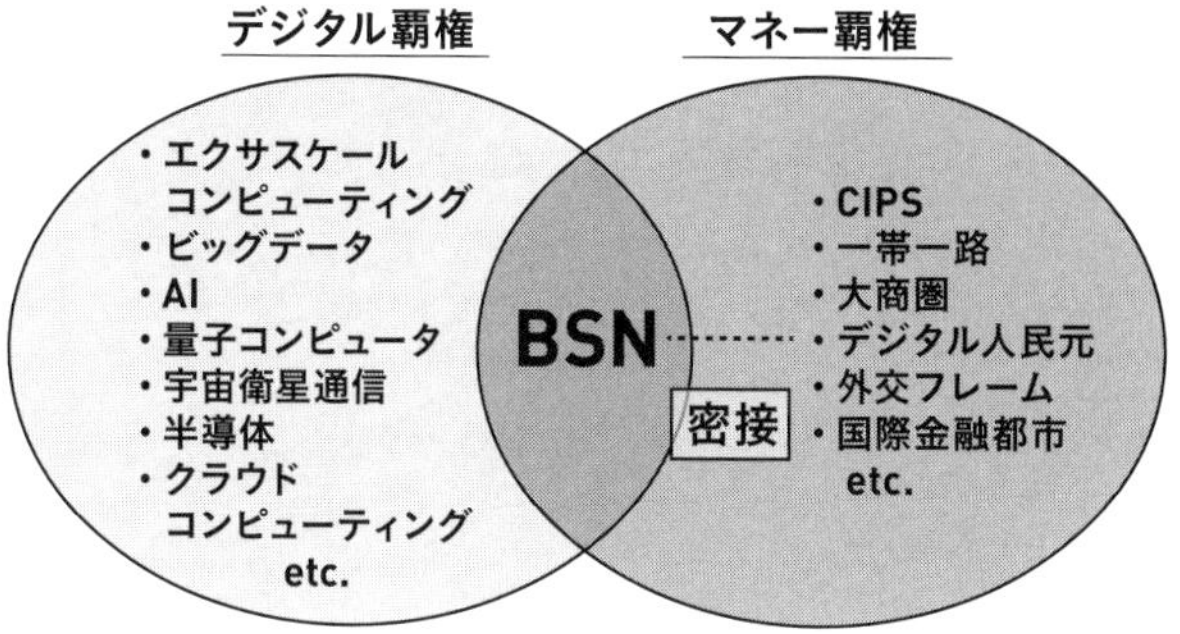

も技術的に可能です。BSNが二〇二一年一月に発表した「ユニバーサルデジタル決済ネットワーク（UDPN＝Universal Digital Payment Network）」構想は、まさに各国の法定通貨のデジタル化の際に標準的な仕様になってしまう可能性さえあります。

本書前段で挙げた中国人民銀行、タイ中央銀行、香港金融管理局、UAE中央銀行らが参画する国際決済銀行（BIS）主導のクロスボーダー決済プロジェクト「Multiple CBDC Bridge」との関係も気になるところです。

BISのプロジェクトがチャイナUDPNと接近したら、いよいよUDPN構想は本格化しそうです。例えば、ある国がデジタル通貨に関する総合パッケージの技術開発がコストの面から困難である場合に、チャイナがUDPNをヒョイと提供すれば使えてしまうとしたら、チャイナと競争する余力の無い国家は「チャイナ陣営」の1セクションとしてチャイナのブロックチェーン技術基盤の上に乗っかる道を選ぶかもしれません。

チャイナはBSN拡大のために、サイバー空間上の世界中の各地拠点「パブリックシティノード（PCN＝Public City Node）」を増加させることに野心的です。このノードはトランザクション処理専用データセンターとしての機能を提供します。点と点が繋がれば、全地球のサイバー空間でブロックチェーン技術に関わる領域ではチャイナが上流を抑えるという計画ですから、大変に脅威なわけです【図5】。

チャイナ内に百五十ノード、チャイナ外に五十ノードをすでに展開しているそうです。一帯一路の港湾やパイプライン、鉄路といったリアル拠点よりも、PCNというサイバー拠点がうまく回りだすと一気にチャイナの「総取り」状況が発生しかねません。BSN構想は始まったばかりなので、先進各国が危険性に気づいて叩き出せば吹っ飛んでしまうかもしれません。しかし、これが成就した場合にはチャイナデジタル覇権上の大きな一歩になってしまうでしょう。

第四章

貿易商圏＝生存圏　経済による対外浸透戦略

肥大化する貿易商圏

ここまで、デジタル人民元構想や、人民元国際化要塞としての金融産業や金融都市、そしてチャイナマネーを流通させる「道」であるＣＩＰＳをチャイナが建設中であることを解説してきました。それは、交通の要所たる金融都市を発展させ、その都市に繋がった道の上を走る車の行き来を増やすために、ＣＩＰＳで新しい道を舗装し、デジタル人民元で通行料を下げていく相互関連性のある施策でした。本章は「そもそも車の絶対数を増やすこととは？」について見ていきます。

近年整備が急速に進んだＣＩＰＳやデジタル人民元も人民元国際通貨化を進める脅威ですが、旧来から存在する脅威の筆頭は、ブクブクと肥大化し続けるチャイナの貿易商圏です。通商貿易の絶対量が増えれば、自然に「車（国際決済）」が増えます。

チャイナと接している国々、とりわけＡＳＥＡＮ（東南アジア諸国連合）諸国やロシア、朝鮮（韓国）の経済融合は、安全保障のための〝デカップリング〟などという議論が最初から吹っ飛んでしまうほどの強力な結びつきになっており、ぐるぐるとチャイナ引力の渦に巻き込まれています。

ASEAN

二〇二一年はＡＳＥＡＮ諸国とチャイナの対話関係が始まってから三十周年を迎える節目でもあります。輸出入総額で相互に最大の貿易相手国（国家群）であり、エリート交流奨学金制度での人材交流も深みを増しています。近年では気候変動、環境保護、脱貧困、自然災害対策といった分野での協力関係も盛んで、政治的な交流も非常に多い状況です。

ＡＳＥＡＮ諸国は、安全保障では米国寄り、産業経済ではチャイナ寄りであって難しい舵取りが迫られている云々、の論を日本国内で散見します。しかしこれはカテゴリー偏重主義なロジックに思えますし、流石にバッサリと右か左かの議論にするのは難しいでしょう。

極めて多岐にわたる実務課題を話し合う政治交流が日常的になされていて、産業経済上の繋がりが網の目のように有機的であるＡＳＥＡＮ諸国とチャイナの関係を、米国と同じ次元で語れるはずがありません。ＡＳＥＡＮは、イデオロギー差異を理由にしてチャイナと若干疎遠になれる欧州諸国や、超大国としてドッシリとチャイナに対峙できる米国とは全く異なる地政学上のポジションにいます。

チャイナの統治機構や外交態度が良い悪いといったレベルを超えて、ＡＳＥＡＮ諸国とチャイナとは「どんなことがあっても付き合わざるを得ない」という関係性が構築されているため、ＡＳＥＡＮ諸国による対米国と対チャイナの関係性は、深さが全く異なることを忘れてはいけません。

我が国としてもこれを読み違えると大変危険なのですが、ともすればＡＳＥＡＮは米国を取るのか、チャイナを取るのか、といったような短絡的な言論になりがちです。ＡＳＥＡＮ諸国にとって、そうした単純な二元論は最早あり得ません。

チャイナ―ＡＳＥＡＮ間の貿易額はかつての八十倍に

ＡＳＥＡＮとチャイナの交流が始まった一九九一年に比べて、二〇二〇年度には双方の貿易額は八十倍を超え、約六千八百四十六億米ドルを記録しました。両者は二〇〇二年には自由貿易区創設に合意し、二〇一〇年には自由貿易協定（ＡＣＦＴＡ）を発効しています。国別に細かく見ればブルネイの最大貿易相手国は日本ですし、ラオスの最大貿易相手国はタイ（ＡＳＥＡＮ域内貿易）になりますが、その他の国の最大貿易相手国はすべてチャイナになっています。

中国税関総署の最新統計においても、チャイナとＡＳＥＡＮの二〇二一年一月と二月をあわせた総貿易額は七千八百六十二億元（約一千二百十九億米ドル）、前年同期比三二・九％増、全チャイナの対外貿易額で一四・四％を占めています。

そのうち、チャイナからＡＳＥＡＮへの輸出総額は四千三百九十八億三千万元、前年同期比四三・二％増、ＡＳＥＡＮからチャイナへの輸入総額は三千四百六十三億七千万元、前年同期比二一・八％増、チャイナのＡＳＥＡＮに対する貿易黒字は九百三十四億六千万元、前年同期比三一〇・四％増になっています。二〇二〇年一月、二月は新コロ感染拡大期と重なるので平時の単純な長期増加傾向と見ることはできませんが、貿易の爆増回復をしている状況です。

新コロ禍で「感染拡大震源地」であったにもかかわらず、二〇二〇年度通年の都市失業率を五・六％（目標値は約六％だった）に抑え込むなど防疫にいち早く成功したチャイナ国内の経済回復は、チャイナの対外的な商圏拡大の強力な後押しに繋がりました。

自然な形で双方民間主導だけで商圏が堅調に拡大している、という単純な現象ではありません。その背景には国家の意思が強く影響します。

二〇二一年六月までにＡＳＥＡＮ十カ国のすべてがチャイナ製新コロワクチンを受け入れており、ワクチン外交によって増加した政治交流をベースに双方が諸々の貿易政策で合意するなどもあります。バーター取引とまでは言わないものの、ワクチン外交が商圏拡大に対しても功を奏しているところはありそうです。

二〇二〇年十一月十二日の第三十七回ＡＳＥＡＮサミットで議決された、新コロから回復させるためのＡＳＥＡＮ総合回復フレームワーク（ASEAN Comprehensive Recovery Framework）。ここを窓口として、チャイナがデジタル経済や持続可能な発展モデルでの協調関係構築で動き出していることも報じられています。

チャイナは民間だけに任せず官主導で着実に商圏拡大に向けて手を打つ姿勢が垣間見えます。さらに、チャイナＡＳＥＡＮ間貿易に今後強いインパクトを与えるのがＲＣＥＰ（Regional Comprehensive Economic Partnership Agreement　地域的な包括的経済連携協定）です。これについては後述します。

ＡＳＥＡＮへの対外直接投資（ＦＤＩ）のフローを年間推移で見ますと、米国、ＥＵ、チャイナ（大陸＋香港）、そして日本が上位を占めます。ＥＵをひとつと見なさずに主要な先進国で数値がバラけるとするならば、ＡＳＥＡＮの経済成長に伴って日米中が直接投資上位を圧倒的に占めています。ＦＤＩに関しては、ＡＳＥＡＮに対する投資額において、他国よりもチャイナが圧倒的に多いというわけではありません。各国が自国のＧＤＰレベルに準じてASEANへ投資している状況がうかがえます。

日本の対外直接投資の額が大きい理由は、サプライチェーンをチャイナ一国に依存することはリスクであることから、「チャイナ・プラスワン」というサプライチェーンの構成組み換えを二〇一〇年代から進めてきた影響もあるでしょう。

例えば、二〇一九年度データでは、米国が約二百四十一億米ドル、日本が約二百六億米ドル、チャイナが約二百億米ドルです。

チャイナとしても製造業の内需を育てたい（産業の空洞化を回避したい）という考えがあるので、日米を遥かに超える水準でASEANへのFDIを官主導で強力に推進することはありませんでした。

海洋安全保障では摩擦もあるが……

チャイナとASEANの経済的な繋がりは強固になっていくものの、南シナ海での軍事上の鍔《つば》迫り合いは相変わらず継続されています。チャイナ側の主張する九段線【図6】は、ベトナム、マレーシア、ブルネイ、フィリピンの四カ国にとって受け入れがたいもので、直接的な紛争地域になっています。

【図6】

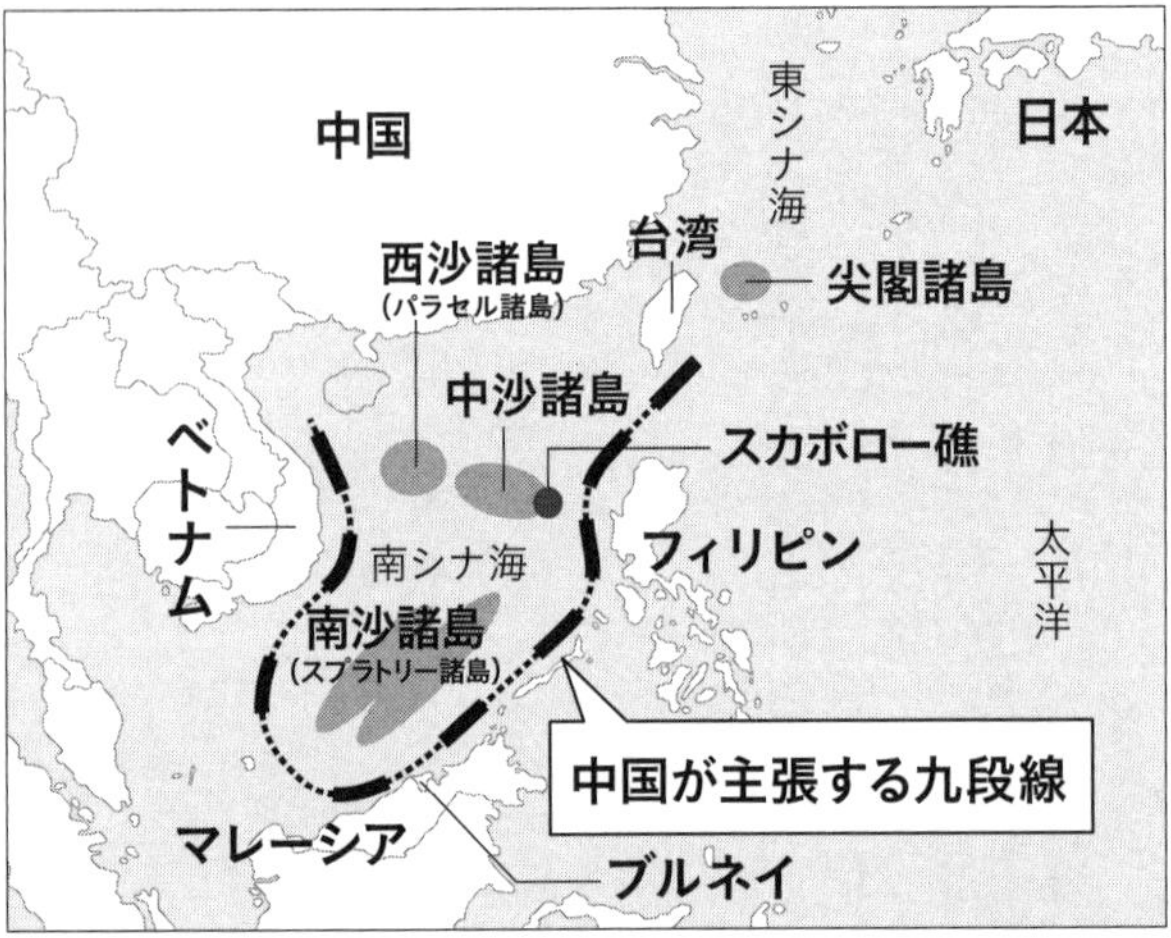

オランダ・ハーグにある常設仲裁裁判所にフィリピンが提訴したことによって、二〇一六年七月に「チャイナの主張する九段線は、国連海洋法条約に基づいて国際法上の根拠無し」と仲裁裁判所からチャイナが蹴り上げられています。

そもそも、二〇〇二年当時にキナ臭い南シナ海を安定させる目的で、チャイナとASEANがDOC（the Declaration on the Conduct of Parties in the South China Sea「南シナ海に関する行動宣言」）を合意していました。カンボジアのプノンペンに当時チャイナの総理であった朱鎔基《ヂューロンジー》氏が出向いていったものです。

で、これはチャイナ側からすればグレ

ーな決め事だったので、故意にグダグダさせながら、なし崩し的に南沙諸島に人工島を建設するなどしてジャイアンっぷりを発揮し、実効支配を強めていったわけです。俺様のモノだけど何か文句あるのか！　と。

　直接的な紛争地を抱える四カ国では、これにしびれを切らしていました。それでフィリピンの提訴によって先ほどの二〇一六年仲裁裁判所からのチャイナ蹴り上げに繋がったわけですが、そうなりますと、国際社会はいよいよ「チャイナ側が国際ルールを無視している」という視線になりました。

　そのままだと分が悪いチャイナはＡＳＥＡＮ側と本件に関して解決のための対話を求めるようになります。国際司法の力がチャイナを動かした形です。

　それはチャイナが大人の振る舞いになったわけでも、倫理観が備わったからでもなんでもなく、米国を二〇四九年までに凌駕したいチャイナとしては、中期的には欧州をはじめとした国際社会からの批判は避けたい。だから、チャイナの長期利得のために国際ルールを完全には無視できない、という考えに切り替わったのです。

　そのような経緯から、チャイナ側が自発的に「じゃぁやっぱりＤＯＣを見直して、もう少し踏み込んだ安定メカニズムを考えましょう」と言い出すことになりました。二〇一七年五月にDOC第十四回高官会議がチャイナの貴陽で実施された際に、DOCよりも強い縛りで、法的拘束力を持つCOC（the Code of Conduct in the South China Sea「南シナ海に関する行動規範」）を策定しましょうという流れになりました。

しかし、直接的な紛争に直面するのは四カ国のみであって、一方でチャイナを刺激せず仲良く経済連携したいASEANの他の国もあり、ASEAN諸国内も同床異夢でまとまりにくいのが現状です。

安全保障か経済か、の二者択一ではない

チャイナ側案としてのCOCは、チャイナとASEAN全体の協定ではなく、チャイナとASEAN各国のバイラテラルな二カ国間の協定という建て付けです。そのため、各国はチャイナの粘り強いあらゆる手段を駆使した寝技交渉に持ち込まれれば、チャイナから各個撃破でゴリ押しされるという脅威もあります。

当然、チャイナは交渉で各個撃破をしていくでしょう。そして一国、また一国と交渉に陥落し、COCがひとたび「チャイナが有利な案」でまとまってしまえば、チャイナが米国に対して「『航行の自由作戦』はCOCに違反している！　アメリカは出ていけ！」と

いうカードを持つことになり、ＡＳＥＡＮ諸国にとってはいざというときの対チャイナ牽制カード（米国への泣きつきカード）をロストすることになるわけです。

このように、ＣＯＣはチャイナとＡＳＥＡＮ諸国の間に思惑の大きなズレがあるため、二〇一八年十一月、第二十一回チャイナＡＳＥＡＮ（10＋1）首脳会議において、リカチャン総理（李克強《リークーチアン》）が三年以内のＣＯＣ締結云々を話したものの、現時点でも内容合意に至っていません。

ＡＳＥＡＮはチャイナとの産業経済上の結びつきが強くなる一方で、恒常的な安全保障上の不安定さを抱えたままです。しかしＡＳＥＡＮ諸国にとってこの二要素はどちらも重要ですし、チャイナと米国は二者択一でもありません。そして、ＡＳＥＡＮ内でも各国で設定しているゴールが違う。様々な駆け引きがある中で、少なくとも明確なことは、チャイナの「影響力」が平和的産業連携という名の下、ＡＳＥＡＮでじわりじわりと拡大していることです。チャイナの商圏はＡＳＥＡＮに着実に広がり、根深くなっています。

ロシア

チャイナとロシアの有機的な経済上の繋がりは厚みを増しています。

サラリと近代の歴史を振り返りますと。ソ連時代に「アニキのソ連、舎弟のチャイナ」という共産イデオロギーラブラブ関係で打算的友好関係をつくった後には、関係悪化・中ソ対立の冬の時代を迎えた両者。

これを受けて米ソ冷戦の構図（敵の敵は友達論）を背景に、ベトナム戦争にチャイナの協力がほしい米国の思惑によって米中が接近し、一九七一年七月のチャイナ電撃訪問宣言をしたニクソンショック（翌年二月に北京訪問）とそれに続く米中国交正常化へと転じていきます。ついには一九七一年十月の有名な国連「アルバニア決議」で中華民国（台湾）に替えて国連常任理事国の座を中華人民共和国（大陸・北京）がとることになりました。

ロシア（当時ソ連）と米国が、チャイナの党中央幼少期と思春期を育んで成人させた（させてしまった）とも言えます。そんな歴史を持つロシアとチャイナは今では経済上は兄弟関係が逆転し、圧倒的にチャイナが経済的に強くなっています。

新コロ前の二〇一九年度名目ＧＤＰ（ＩＭＦ統計）において、ロシアは第十一位の約一兆七千二十万米ドル。ロシアを挟む第十位のカナダが約一兆七千三百六十万米ドル、第十二位の韓国が約一兆六千四百七十万米ドル。第二位のチャイナが約十四兆七千三百二十万米ドルですから、ロシアとは約八・七倍もの差があります。

ここまで経済力に差が付きますと、横並びでいがみ合うパワーの均衡とは異なった動機がそれぞれに働きます。

伝統的大国としての権威・名誉（？）ポジションを維持したいロシアは、チャイナの経済的引力に飲み込まれすぎないように警戒しつつ、自由民主主義陣営先進国から疎まれるチャイナに手を差し伸べて「成金チャイナを中核に据えた権威主義型陣営」でキャスティングボートを狙うような行動が散見されます。例えば、中露の二カ国語が内部公用語として採用される上海協力機構（ＳＣＯ＝Shanghai Cooperation Organization）などです。ＳＣＯについては後述します。

チャイナ側からの視点では、ロシアという国連常任理事国の力や「落ちぶれてはいるが世界的な大国である」というポジションに唾を付けておいて損はない。そして、チャイナは今でも軍事大国であるロシアを存分に利用するために、経済力で間接的にロシアの手足を支配しながら、対米牽制としての軍事的な中露連携も国際社会に対してちらつかせます。直近では二〇二〇年九月に行われたロシア軍主導の多国籍軍事訓練「カフカス２０２０」に、チャイナはイランなどと一緒に参加しています。

妙にウマが合う習近平とプーチン

ロシアの内政としては、プーチン大統領が二〇二四年任期満了後もさらに二期十二年続投可能になる改憲案が二〇二〇年七月に発効（全国投票での支持を得て大統領令署名）されました。チャイナ有識者の間でも対露関係に大きな影響を与える「プーチン大統領二〇二四年問題」は注目度が高かったものです（すでにこうした有識者は「二〇三六年問題」に目が移っているのですが）。

二〇二〇年は新コロ禍と国際的な原油価格下落によってプーチン大統領の支持率は同年四月には五九％にまで低下していましたので（世論調査機関レバダセンターのデータ）、よもや習近平氏の盟友（舎弟）であるプーチン氏の権力基盤が崩されるのではないかと、チャイナ内からの注目度は高かった一年間でした。

こうした新コロ禍でも習近平・プーチン電話オンライン会談（シー・プー会談）は頻繁に行われ、血の結束がチャイナのプロパガンダメディアで流れていました。

一九四九年の中華人民共和国建国から一九九一年ソ連崩壊までの四十二年間に、首脳会談は七回しか開かれていませんでした。一方、二〇一三年の習近平国家主席誕生後から新コロ前までは、実に年平均五回もの首脳同士の直接顔合わせをやっていて、非常に緊密です。習氏曰く「良き隣人、良き友人、良きパートナー」だそうです。

歯の浮くようなアニキと舎弟の関係性を表現した言い回しで、要するに両国は相互に脅威を感じつつもシーさん・プーさん双方のウマが合う、ということなのでしょう。

ロシアの黒い魂胆を知りながら乗っかるチャイナ

西側諸国からの制裁や、石油や天然ガスなどの天然資源に大きく依存した産業経済の構造的課題（「ロシア病」）を抱えるロシア経済ではありますが、外交はやはり大胆不敵。流石です。北極海航路やユーラシア地域といった地政学的な利をチャイナにちらつかせてアニキのチャイナをおびき寄せます。

チャイナ側は舎弟のロシアのそんな黒い魂胆を知りながらも、「一帯一路プラス」として使えるネタに乗っていく構図です。例えば二〇一五年には、ユーラシア経済連合（EEU）設立と一帯一路構想の連携でシー・プーが合意。両者はこうしたダーティーな打算でドライにディールをやりますから、やはりウマが合う、としか言いようがありません。

二〇一八年五月にカザフスタンの首都アスタナで開催された経済フォーラムでは、ユーラシア経済連合およびその加盟国が、チャイナと経済貿易協力協定を結んでいます。協定の中身は工業、農業や電子商取引の協力でしたが、大局的には一帯一路とユーラシア経済連合の連携を具体化していくプロセスと言えます。

チャイナはヨーロッパと結ぶいくつかの国際輸送ルートポートフォリオをリスク回避として抱えておきたいわけです。ロシアを経由するルートも確保しておきたい。ロシア側はチャイナの一帯一路ルートがロシア内を通れば、輸送網の経済圏に入り込めるし、輸送手段を提供する直接的な経済的便益があります。

そこで、チャイナとロシアは「欧州とチャイナ西部」間の国際輸送に関して議論を詰めているところです。具体的にはロシア国内の高速道路およびロシア極東地域の港。バイカル・アムール鉄道とシベリア横断鉄道の輸送力を一・五倍に増強し、北極海航路の輸送量を大幅に増加させるとともに、快速列車・高速鉄道の建設の進展に向け基礎固めを行うことを計画しています。

二〇二一年一月の商務部のプレスリリースでは、ロシアとの関係を「純金は火の精錬を恐れない（チャイ語で「真金不怕火燎」。転じて、意志の強い人は試練に耐えることができる、の意味）」という諺を出して、新コロ禍という両国への試練においても相互貿易が堅調であったことを示しました。政府のオフィシャル発表でも諺《ことわざ》を持ち出すところが、いかにもチャイナ的で味わい深いですね。

ロシア経済へ食い込むチャイナ資本

二〇二〇年度の中露相互貿易総額は一千七十七億七千万米ドル、前年同期比二・九％減でした。三年連続で一千億米ドルを超えており、二〇二〇年は新コロで経済活動がストップしていたことや、物流が滞っていたことを考慮すれば、貿易額はほぼ前年水準を維持したと言えるでしょう。直近ではロシアの輸出入総額のうち一七％をチャイナが占めています。ラップトップＰＣやタブレットＰＣなどのチャイナからロシアへの輸出額はそれぞれ前年同期比三九％増、二九％増となっており、近年顕著な増加傾向にあります。

中国税関総署データでは、その他には医療機器、紡績製品が対ロシア輸出で増加していて、天然ガス、鉄鉱石、農産品（特に大豆）がロシアからの輸入で著しく増加している品目になっています。また二〇二〇年のチャイナの対ロシア非金融部門直接投資額は三億四千万米ドルで前年同期比四一・七％増。チャイナ資本によるロシア経済への食い込みが強くなっていることを示しています。

十倍近く拡大する人民元・ルーブル決済割合

本書の重視したいポイントは、二〇一三年当時には中露貿易決済のわずか二%から三%が現地通貨決済（ロシアルーブルかチャイナ人民元）だったのですが、二〇二〇年の約一千億米ドル相当の貿易決済においては、実に二五%が現地通貨で決済されるようになっていることです（経済誌『21世紀経済報道』）。チャイナ側が人民元の国際通貨化に向かって動き出しているという背景もあるものの、ロシアはロシア自身が米国との対立によって安全保障上急進的に「脱米ドル」に向かっているという状況があります。

ロシア財務省によれば、分散投資・リスクヘッジを目的として国家福利基金（ＮＷＦ）の通貨構成について、米ドル＋ユーロの比率を四五%から三五%に低下させ、英ポンドは一〇%で維持、人民元を一五%、日本円を五%に引き上げています。ロシアの外貨準備高でも、米ドルの割合を下げて人民元を一二%まで増加させています。ロシアはマネー領域で米ドルから遠ざかるほど相対的に人民元に近寄る構造になっています。

孤立したロシアはチャイナにとって「使える」存在

二〇二〇年十二月二日に実施された中露双方の総理定期会談（リカチャン総理〈李克強〉とミシュスティン首相）では、大豆貿易の進展、二〇二一年の第七回中露博覧会（ロシアで開催）、チャイナ企業のロシア内経済特区での合作、G20・APEC・上海協力機構（SCO）・BRICS五カ国といった国際フレームを利用した国際協調、保護主義への共同反対姿勢（米国を念頭に置いたもの）を提示。

ロシアはチャイナの提唱する「データセキュリティ・グローバルイニシアチブ」（米国の「クリーンネットワーク」へのカウンター構想）を支持。

同江（黒竜江省ジャムス市）とニシュネレニンスコエ（ユダヤ自治州レニンスコエ地区）間の鉄道橋と関連する港湾建設、「濱海1号・濱海2号（ロシア極東地域とチャイナ東北地域の越境経済回廊構想。黒龍江省からナホトカ港、吉林省からザルビノ港を結ぶ回廊。二〇一五年十二月に発表）」の継続的な推進発展を行うとしました。

濱海2号は無人運転の研究も行う、『二〇一八―二〇二二中露宇宙合作大綱』に基づいた宇宙開発（月面探査、ロケット開発、低軌道衛星通信技術など）での合作、IoT・AI・

デジタル教育・5Gネットワーク・スマート都市・ネットセキュリティー領域での合作、エネルギー領域での全面的合作、などなど盛りだくさんの項目が相互確認されています。

両者最高レベル同士のシー・プー会談とは違った実務的な内容で、確認内容があまりにも多岐にわたっているのでここでは書ききれませんが、陸続きのチャイナとロシアの経済がハードでもソフトでも有機的に繋がり出していることは疑いようがありません。

この会談直後の同月十五日には、チャイナの福建国航遠洋運輸集団とロシアのエリガ石炭が、チャイナ向け石炭輸出JV（ジョイントベンチャー）を合意（新コロの影響でオンライン署名式。上海市に登記。契約期間は十年）。

さらに同月二十八日、シー・プー電話会談のあった当日に中露政府間合意に基づいて、中国石油化工集団がアムールガス化学コンビナート（シブールホールディング傘下）の株式四〇％を取得しました。政治的な蜜月があって、国家の息のかかったインフラ・天然資源系の企業が手を握る、という非常にわかりやすい構図があります。政商バンザイ！ といった様相。

輸出産品に占める天然資源の割合が多く、特にクリミア半島併合以来、欧米諸国からの制裁を受けてその「販売先」を逸してしまい、経済的に孤立したロシアにとってチャイナへの経済依存度は高まるばかりです。チャイナにとっても天然資源を充足させるロシアは「使える」パートナーになっています。

天然ガスパイプラインで中露が連携

例えば、天然ガスパイプラインは中露を結ぶ「東線」と「西線」があります。「東線（通称「シベリアの力」）」はチャイナ側の黒河市（黒龍江省）とロシア側のブラゴヴェシチェンスク（アムール州）を結び、ロシア内が全長約二千八百六十四キロメートル、チャイナ内が三千三百七十一キロメートルの新設パイプラインです。

二〇一四年五月に年間三百八十億立方メートルで三十年間の長期提供契約が締結され、二〇一九年十二月に開通しました。一方、二〇一四年、同時期に署名された「西線（通称『シベリアの力-2）』」は遅々として進まず。

西線の遅れの原因は、「ロシアからモンゴルを経由するのではなく、チャイナ（新疆ウイグル自治区イリ・カザフ自治州コルガス市）とカザフスタン（アルマトイ州）を結ぶ天然ガスパイプラインに接続したほうがコスパが良い、その場合にはカザフへのカネをどう落とすか云々」とカザフからロシアに対しての駆け引きもあって難航している、という政治的な理由が多分にあります。

ロシアとドイツを結ぶ天然ガスパイプライン「ノルドストリーム2」開通に米国がちょっかいを出したこともあり、ロシアとしては手堅い販売先のチャイナを早く開拓しておきたいので、「西線」開通に向けたプロセスが早急に進むとも見られていますが、どうなんでしょうか。先行きは不透明な情勢です。また、石油パイプラインはロシアから大慶市(黒龍江省)に直接入るESPOパイプライン(チャイナには支線で入る形)によって二〇一一年九月から原油が供給されています。

世界の五一%をチャイナが消費する石炭

もうひとつはチャイナ内で異常な(?)使用量を誇る石炭(産出量も二〇二〇年度三十八億四千万トンで、世界の五一%に達するというトンデモナイ数字)での中露協力です。

チャイナがどうしてそんなにバカスカ石炭を使うかと言うと、十四億人の生活&世界の工場を賄うための電力の主力が火力発電であること、北部地域では冬場に都市セントラルヒーティングが主流であること、そして鉄鋼生産工業に用いられることが挙げられます。

二〇二一年から二〇二五年のチャイナの中期政策を規定する第十四次五カ年計画におい

ては、次のように宣言されています。

「二〇二〇年末のチャイナ国内炭鉱数約四千七百カ所を、第十四次五カ年計画の最終年度までに四千カ所前後に減らし、かつスマート化炭鉱を一千カ所余り建設する。一千万トン級坑道（露天）を六十五カ所建設し、生産能力を年間十億トン弱、高める。三～五社の競争力世界一流レベルの石炭企業をつくる。企業のM&Aを促し、年産一億トン級石炭企業を十社つくる。石炭採掘機械化水準を九〇％以上にし、掘進機械化水準を七五％以上にする（中国網日本語版二〇二一年三月四日）」

昨今の政策目標上で、高効率化・スマート石炭というフレーズを多用していまして、「欧州協調」「米中対立」という外交コンテクストを踏まえた環境政策について、表面的には重視している姿勢を見せるチャイナの宣伝意思を随所に感じます。

国家統計局のデータによれば二〇二〇年度のチャイナの石炭輸入量は三億四百万トン、前年同期比一・五％増でした。中国税関総署が発表した二〇二〇年度輸入元のトップ五カ国は、インドネシア、オーストラリア、モンゴル、ロシア、フィリピンの順で、これらの国々だけで輸入量の九五％を占めています。

ただし二〇二〇年十月にチャイナがジャイアンっぷりを発揮しまして、オーストラリアからチャイナへの石炭輸入停止措置をチャイナ側が突然発表しましたので、シェアが今後どのように変化するのか見えません。二〇一九年度にはインドネシアが四六％、オーストラリアが二六％を占めていてロシアは一二％にすぎませんでしたが、オーストラリアからの輸入規制が続くとなれば、蜜月のロシアがグイグイ出張ってくるのは容易に想像できます。

前述の中露ＪＶを立ち上げた福建国航遠洋運輸集団によれば、ロシアからチャイナへの自社石炭運搬（輸入）を、二〇二一年には一千五百万トンから一千八百万トン、二〇二二年には二千万トンから二千四百万トン、二〇二三年には三千万トン超えを目指すそうで、オーストラリアが叩かれて空いたシェアをロシア産で代替して奪っていく鼻息の荒さが伝わってきます。この中露合作企業は互いに国家資本主義の政商みたいなもんなので、莫大に生み出される天然資源利権の企業利益が、中露政界の政治資金としてどういったところに収まっていくのかはわかりませんけど。

エネルギー商品での人民元決済拡大を明記

国務院が二〇二〇年十二月に発表した『新時代の中国エネルギー発展』という白書にお

いて、エネルギー商品について人民元での貿易決済を促す旨が明記されています。

ロシア、中央アジア、ミャンマーの石油パイプラインや、チャイナ周辺七カ国との連結電力網などを通じたエネルギーの相互貿易推進も同書内で強く推進されていますので、エネルギー供給網の国際連携構築と付随してクロスボーダー人民元決済も増加していく流れになっています。先ほど中露総理定期会談での合意事項確認の例でも触れましたが、両国は長ぁい国境を接した陸続きであることから、効率的な鉄路輸送手段インフラは中露経済交流の緊密化において重要な要素です。

主なルートは次の四つになります。

①ハルビン市（黒龍江省）を経由し満州里市（内モンゴル自治区フルンボイル市）を抜けてシベリア鉄道に接続するルート。

②エレンホト市（内モンゴル自治区シリンゴル盟）を抜けてモンゴル国に入りウランバートルを経由しシベリア鉄道に接続するルート。

③阿拉山口市（新疆ウイグル自治区ボルタラ・モンゴル自治州）を抜けてカザフスタン共和国に入りウズベキスタンやキルギスやロシアなどに抜ける中央アジアルート。

④開通したばかりの綏芬河市（黒龍江省牡丹江市）を抜けてロシアの沿海地方（極東連邦

管区）へと抜けるルートを含めた極東ルート。

極東ルートについては、将来的に濱海1号2号回廊構想に含まれるチャイナ東北からロシアウラジオストクを経由しソヴィエツカヤ・ガヴァニ（シベリア鉄道と並んでロシアを大きく東西に結ぶバイカル・アムール鉄道の東の終点、ハバロフスク地方）への接続が全面的に成就すれば幅広く大量輸送が可能な交易ルートになるでしょう。

二〇二〇年にはロシア政府が二〇三五年までの経済社会発展・極東地域住民の生活水準向上を三段階で実施する国家計画を発表しています。二〇三五年といえばチャイナも「二〇三五年までの長期目標」を掲げて（二〇二〇年十月、第十九期中央委員会第五回全体会議〈五中全会〉を受けて方針発表されたもの）国策が進み始めましたし、やはり長期政権を目論むシーさん・プーさんの以心伝心・共通意思を感じます。

ロシア政府極東・北極圏発展省の前大臣アレクサンドル・コズロフ氏は、露中の「極東―東北」合作は鉄橋建設、エネルギー、北極海航路、工業、農林業などの領域で進展しプロジェクトが順調に進められていく、と言及されているので（中国新聞社、二〇二一年一月八日）、日本のすぐ先の北西で中露が熱く交わり始めているという状況です。

ザル検査も何のその、鉄路で六十都市と交易

各鉄道輸送ルートでどれくらいの往来があるかと言いますと、例えば満州里経由ルートでの二〇二〇年の越境国際貨物列車の運行数は、出入国あわせて一万二千六百六十七本でした。これは二〇一九年度と比較して五・八％増加で、近年は増加傾向にあります。中露貿易の陸路運送において六五％が満州里を通過していく重要な交通拠点です。満州里国境（駅）検査には、高解像度カメラ等の近代設備を配備し貨物満載の全車両を十八分で検査完了させるという気合の入れよう。

「その検査、ザルなのでは」と疑いたくなりますが、兎にも角にもココを通過してロシアや欧州とチャイナ内の蘇州・天津・武漢・長沙、遠くは広州など六十都市を結んで交易が行われています。

綏芬河市を経由した極東ルートは、二〇二一年二月十二日に開通したところです。モスクワ―綏芬河ラインは全長九千百キロメートル、黒龍江自由貿易試験区の綏芬河とロシアのモスクワを結び四十七個の四十フィートコンテナから編成されています。

旧来の輸送手段では四十日以上必要だったものが、定期路線として片道十二日間で走り、

輸送費は一〇％低下するということです。

朝鮮半島

北朝鮮といえばチャイナ、キム総書記（二〇二一年一月に肩書が委員長から総書記に変更されたばかり）といえば習総書記、と想起される方も少なくないであろう中朝関係。実際にはそんなに仲良し関係ではありません。チャイナ目線では、北朝鮮を「餌付けされた狂犬」だと見ている、という持論を僕は持っています。チャイナは北朝鮮に飼い主として餌を与えているけども、北朝鮮は常にチャイナに対して吠えて噛み付いてきます。

北朝鮮への国際的な経済制裁の情勢下でもチャイナから支流パイプラインで、石油が輸出されていると見られています。前述のロシアからのパイプラインにも接続している大慶をハブにしているようです。

チャイナのオフィシャルの統計発表では「北朝鮮に対しては制裁につき輸出ゼロ」となっているので、非公式貿易を黙認している公然の秘密に対して「あぁそうですか」としか言いようがありませんし、パイプラインの中が動いているのか止まっているのか、外からはわかりません。また食品・生活用品などの商品貿易では、主にチャイナとの国境沿い、北朝鮮北部との密貿易が盛んであったものが、新コロ防疫で封鎖されたため、北朝鮮の物資不足・物価高騰云々が二〇二〇年には話題となりました。こちらは本書の主要な論点ではないのでスルーしておきます。

データが公表されている南朝鮮＝韓国とチャイナとの関係について見ておきましょう。中韓自由貿易協定が二〇一五年末に発効されて以来七回の関税削減を経て、二〇二〇年末までにゼロ関税の貿易額が五五％以上に到達しました。

チャイナとの対外自由貿易協定が締結されている国の中で最大の貿易額になっているのが韓国です。当該協定によれば最終的に（協定発効から二十年後）中韓両国の商品輸入関税の九〇％、貿易額の八五％をゼロ関税にすることが目的とされています。

直近では、二〇二〇年度の中韓貿易総額は三千億米ドルを超えました。ちなみに米韓貿易総額は一千三百十六億米ドル、前年同期比二・七％減（韓国産業通商資源部）です。韓国にとってチャイナは輸出入ともに最大の貿易相手国です。貿易額で単純に比較できるものではありませんが、経済と軍事の安全保障に対して米中間で揺れる韓国にとって、チャイナとの経済的繋がりの強さは政治的難易度を上げるものでしょう。

ゴリゴリとチャイナ陣営に食い込まれる韓国

中韓両国ともにRCEP協定署名当事国であり、チャイナにとって韓国は第五番目の貿易額の相手国。二〇二一年は中韓国交樹立三十周年の節目でして、習近平国家主席と文在《ムンジェ》寅《イン》大統領が新春賀詞交歓で同年一月二十六日に電話会談をしています。

両者は中韓自由貿易協定第二段階『中韓経貿合作聯合計画（二〇二一－二〇二五）』を進めることと、RCEPの正式発効を急ぎましょう、という点を確認し合っていました。

紅いジャイアンにゴリゴリ圧力かけられてるなぁ、という内容です。

巨大なサプライチェーンと市場を持つチャイナとの資本流動化が対第三国よりも相対的に深化すれば、韓国の産業経済は「チャイナ陣営」になっていきますので、我が国の安全保障上、注視が必要です。

米国トランプ政権時に決定されたチャイナ・ファーウェイ社への半導体の輸出規制。本書では詳しく扱いませんが、台湾TSMC社（半導体ファウンドリー）と並んで韓国サムスン電子やSKハイニックスの半導体ファウンドリーも「安全保障上の理由から」ファーウェイ社（関連会社・その他チャイナの各社）らへの輸出規制に従いました。それとは別に、日本から対韓輸出規制の品目となった半導体製造用のフッ化水素の事案もあり、韓国の半導体事業はこの数年ホットな外交的話題に溢れていました。

韓国についてユニークな傾向は、韓国への対外直接投資（ＦＤＩ）フローです。韓国の通信社である聯合ニュース一月十二日の報道によれば、産業通商資源部が二〇二〇年度の諸外国から韓国への対外直接投資申請金額が二百七億五千万米ドルとなり六年連続で二百億ドルを超えたと発表しています。

これ自体は大した話ではないものの、直接投資増減の国別割合に大きな変動がありました。チャイナからの当該直接投資申請金額が十九億九千万米ドルで、なんと前年同期比一〇二・八％増、一方米国は五十三億米ドルで二二・五％減、ＥＵは四十七億二千万ドルで三三・八％減、日本は七億三千万米ドルで四九・一％減となっています。金額上では欧米がチャイナよりもまだ多い状態ですが、新コロで特殊な状況とはいえ、チャイナ資本が一気に入り込んだ一年となりました。今後の行方が気になるところです。

チャイナと韓国が距離を置くことは考えにくい

個別企業の動きなので、殊更《ことさら》に着目するものでもないとはいえ、昨今話題の韓国半導体企業のチャイナ国内での様子を簡単に紹介しておきましょう。米中対立下における経済安全保障の渦中にあります。

半導体製造大手のサムスン電子。二〇一七年八月に同社と陝西省、西安市、高新区の各地方政府が共同で投資合作協議書に署名しました。第一期投資総額は七十億米ドル（こちらはＮＡＮＤ型メモリーをチャイナスマホ製造各社に納入）、続いて二〇二〇年には第二期の八十億米ドルが追加で投資され二〇二一年内に建設完成するそうです。

サムスン電子に次いで半導体製造大手のＳＫハイニックスもチャイナで積極姿勢です。同社は早くも二〇〇四年には無錫市と合作協議書に共同署名してチャイナ生産の本拠地としました。さらに二〇一四年には重慶市で新しく工場を竣工し二〇一五年からはＯＳＡＴ（半導体のアセンブリとテスト）を開始しています。

重慶ＳＫハイニックスと重慶華潤微電子（チャイナ本土資本の華潤微電子有限公司。こちらも無錫を本拠地とする半導体・集積回路製造大手）の二社が重慶西永微電子産業パークで半導体産業を牽引している状況です。

直近では、米国による半導体輸出規制実施直前の二〇二〇年二月にもＳＫハイニックスは無錫市高新区（江蘇省）との官民投資合作協議書に署名していました。同社の投資総額は二十億元で、行政と共同で集積回路産業パークをつくり上げる都市政策です。これまでにも累計二百億元もの巨額資金を無錫市に投資してきている同社ですから、米中対立があるとはいえ、ここでチャイナと距離を置くことは考えにくいところです。

また、二〇二〇年三月（ちょうど新コロ騒動がチャイナ内で落ち着いてきた頃）、江蘇省衛生健康委員会が、SKハイニクス傘下の子会社が投資し管理運営するSK無錫医院の設置を認可しました。病院の名称は「愛思開医院」（チャイ語読みで、アィスーカイ医院。SKの音読み当て字です）、民間営利型病院で三級総合医院の等級になります。

愛思開医院は二〇二一年上半期に建設開始予定で、投資総額は三十八億元。工場（パーク）建設は従業員の生活生態系もつくることなので病院建設は順当な流れではあります。SKハイニクスは無錫とともにあり、といったところでしょうか。

これらの動きをもって、韓国企業の先端技術がすぐさまチャイナに移転するということではありませんが、いくつかの特定領域で米国の制裁を受けながらも中韓のハイテク分野連携（供給サイドも需要サイドも）は途切れることなく続いていく様子です。米国のチャイナに対する警戒意識が本気モードになるのが遅かったことも影響し、この二十年、特にこの十年間で中韓の資本はガッチリと繋がってしまったと言えるでしょう。

米韓同盟と中韓経済関係深化の板挟みに

二〇二〇年十月、中国人民銀行と韓国銀行（韓国の中央銀行）が通貨スワップ協定を延長締結したことが中国人民銀行サイドから発表されました（中国新聞社、二〇二〇年十月二十二日）。引出限度額が韓国は四千億人民元、チャイナは七十兆ウォン、有効期限は五年間で、双方の合意によって延長が可能とのことです。

実はこの五年というのは異例の長さで、チャイナは二十カ国以上の国々と一律三年間で締結してきていたので、並々ならぬ中韓の結びつきが臭う内容になっています。

前回が、韓国は三千六百億人民元、チャイナは六十四兆ウォンの二〇一七年十月十日から二〇二〇年十月十日の三年間の通貨スワップ協定でしたので、おそらく直近の延長締結の日付としては二〇二〇年十月十日になると思われます。中韓スワップ協定は二〇〇八年十二月に一千八百億人民元で締結されたのが最初です。

中央銀行間による通貨スワップ協定は、金融市場安定のために行われますが、ミクロ的にはビジネス上のリスクを減らし両国の産業交流を円滑にするようなもの。両国のビジネス的な繋がりが強まれば通貨スワップ協定の引出限度額を厚くされる傾向があります。

信用力のある通貨を発行する他国の中央銀行と通貨スワップ協定があればその通貨の信用が高まりますし（＝金融市場を安定させる）、大局的に見れば、通貨スワップ協定の範囲と規模（引出限度額）がその通貨を主体にした「信用と商圏」を部分的に映す鏡になっているとも考えられるでしょう。

言うまでもなく、他の通貨に比べて米ドル（FED　米国の中央銀行に相当する連邦準備制度）との通貨スワップ協定はハイレベルな金融市場安定に繋がります。

中国人民銀行が締結する通貨スワップ協定は金融市場安定化というよりも、多分に「商圏拡大」の意図が含まれています。現地通貨建て決済を増やしていくことで、次第に国際通貨化していく人民元を使って商圏拡大を図る、逆に、商圏拡大していく中で人民元国際通貨化を進めるということもできるでしょう。

二〇〇八年から二〇一九年の間にEU、ロシア、インドネシア、アラブ首長国連邦（UAE）、エジプト、韓国、マレーシア、タイ等二十三カ国（特に一帯一路沿線国家の割合が多い）の現地通貨と人民元で通貨スワップ協定を結んでいます。

また先ほどロシアの段で挙げましたが、チャイナは、ベトナム、ラオス、ロシア、カザフスタン等九カ国のチャイナ隣接国および一帯一路沿線国家と現地通貨（人民元）相互決済協定を結んでいます。韓国とはまだ現地通貨（人民元）相互決済協定は結ばれていませんが、韓国の外貨準備高構成に人民元が組み入れられています（その他シンガポール、フィリピン、インドネシアなどでも人民元が外貨準備高構成に組み込まれるようになっています）。

日本については、二〇一八年十月、第二次安倍政権時に引出限度額が日本は二千億人民元、チャイナは三兆四千億円、有効期限は三年間で通貨スワップ協定が結ばれていまして（期間が空いてその前の協定では三千三百億円だったので、およそ十倍に）、日中間のビジネス交流が盛んな状況（盛んにするという両国の政治的意思）が感じられる内容になっていました。

日本の外貨準備高のほとんどがドル建て証券で運用されていることが昨今ではしばしばリスクとして話題になりますが、今後人民元建て増加の波がやってくるのでしょうか。

さて、五年という異例の長さで締結された中韓の通貨スワップ協定。韓国外貨準備高に組み込まれた人民元。次の段階として、少なくともチャイナ側はＲＣＥＰの深化とともに韓国との現地通貨（人民元）相互決済協定も視野に入っているはずです。対チャイナ牽制としての日米韓軍事安全保障の足並みを揃える必要もある状況で、中韓の経済（金融）的結びつきが強まる「ねじれ」は、ドキドキしながら観測をしていく必要がありそうです。

第五章

「人民元決済圏」としての一帯一路

外交フレームは商圏拡張政策

チャイナによる商圏拡大は、相手国一カ国との関係強化のみならず、地域の多国籍な枠組みをつくることによっても進められています。それがひいては人民元を決済通貨として使い得る範囲ともなるわけです。一帯一路などはまさにそうした発想で捉える必要があるでしょう。

経済的な多国間外交フレームや、より広義の外交フレームを含めて本書ではふんわりと外交フレームとひと括りで表現します。また、本書がテーマとするのはマネー覇権ですので、経済的な外交フレームに主眼を置いて話を進めています。

チャイナと直接リンクする交通網インフラを通じてじわじわと商圏は広がりますが、外交フレームは「飛び地」の商圏をつくるツールにもなります。地理的に少し離れた地域との政治とビジネス取引も繋げます。

チャイナ周辺国家であれ「飛び地」であれ、外交フレームを通じてチャイナ当局が対外的なマネー政策や産業政策を打ち出した後に、それに対して民間事業主体が反応して動き出すことで商圏の広がりがブーストされます。外交フレームは間接的な商圏拡張コントロール政策の側面があります。

古い外交フレームも目ざとく補修し、支配する

二〇二〇年十一月に署名されたＲＣＥＰ（Regional Comprehensive Economic Partnership Agreement　地域的な包括的経済連携協定）はテレビや新聞など日本のマスメディアでも大きく扱われたので、記憶にある方も多いかと思います。

ＲＣＥＰやＴＰＰなどの経済的な多国間外交フレームは、日本国内では往々にして合意形成前に、「〇〇〇に加入すると、日本の□□産業が壊滅する。これは△△国の陰謀だ！断固拒否すべき！」などといった陰謀論がはびこり、政党間の政治アジテーションに利用されたりと、ダーティーな言論フェスが始まってしまいます。建設的な議論というより足の引っ張り合いの泥ダンゴ投げつけバトルです。

経済的な外交フレーム以外にも、最も広範囲のレベルでは「国際連合」も外交フレームのひとつですし、チャイナがメンテナンス良く活用する外交フレームは数多《あまた》あります。我々日本人にとっては、「あーあったなぁ、そういうのも」というようなレベルの没落した外交フレームでさえ、手塩にかけて古漬けにして活かし続けるのが、チャイナ流外交の

やり方です。

発足時にはテンション高かった外交フレームも、構成国家の不仲や経済や外交環境の変化によって、構成国家でさえ興味が無くなることもよくあります。大風呂敷であれ小さな風呂敷であれ、同床異夢の多国間フレームはそんなものなのです。

チャイナはこの風呂敷を穴があけば塞いで丁寧に保つことで、構成国家にとって興味が無くなったときこそチャンスとばかりにフレーム内でイニシアチブを獲得していきます。壊れかけのフレームにオイルをさして温存させる、メンテナンス職人としてフレームを支配するようになります。

コロナ禍においてはＷＨＯ（世界保健機関）でチャイナの存在感が増していたことが様々なところで指摘されていましたし、国連も然りです。十五ある国連専門機関のうち、四つで中国人がトップを務める他、国連分担金もいつの間にか日本を抜いて世界第二位になっています。

犬猿の仲・インドとも同じ枠組みに入る意味とは

その他にも、チャイナが職人として手入れを続けているフレームがあります。中でも、そこそこの有名どころは、例えばＢＲＩＣｓ・ＢＲＩＣＳフレーム。もともとブラジル、ロシア、インド、チャイナの頭文字をとった四カ国が二〇〇九年に首脳会議を開いたのが公式的な連携体の始まりです。後に二〇一一年からは南アフリカ共和国が入り五カ国体制になりました。

それから上海協力機構（ＳＣＯ＝Shanghai Cooperation Organization）。一九九六年のチャイナ、ロシア、カザフスタン、タジキスタン、キルギス五カ国首脳会議＝上海ファイブが前身。二〇〇一年にウズベキスタンを加えて六カ国で正式発足。二〇一五年からインドとパキスタンが正式加盟しました。

ＢＲＩＣＳもＳＣＯも、犬猿の仲のチャイナとインドが一緒に入っている時点で同床異夢感が半端ないのですが、それこそが鍵だったりします。印中国境間紛争が二〇二〇年にエスカレーションした際には、九月にモスクワでのＳＣＯ外相会談の際に、モディ政権外務大臣のスブラマニヤム・ジャイシャンカル氏とチャイナ外交部長の王毅《ワンイー》氏が単独で会談をして、対話の機会を得ています。

また同機会に、モディ政権国防大臣のラージナート・シン氏とチャイナの党中央軍事委員会委員・国防部長の魏鳳和《ウェイフェンヘー》氏らが二者会談の機会を得ています。印中両国で問題が発生した際に、第三国で「擬似的2＋2（外務・防衛・閣僚協議）」のようなものを成立させ、リスクを低減させるプラットフォームになっていると言えるでしょう。

通貨スワップ協定や現地通貨（人民元）相互決済協定、二国間ないしは数カ国間のFTA（Free Trade Agreement　自由貿易協定、関税障壁を低減し自由貿易を推進する）やEPA（Economic Partnership Agreement　経済連携協定、FTAに加えて知財や人材の流動化を高めるなどの多様な範囲にわたる自由貿易を目指した合意・条約）などの「強め」な政策が合意されれば、商圏がスピード感をもって広がっていきます。

少ない国家間での取り決めは比較的短期で具体的にまとまりやすく、チャイナも有効的なツールとして積極的に活用してきました。これらの通商ツールは、チャイナ当局にとってトップダウンの直接的な手段として新たな商圏を開通工事するようなものです。相手国事務方と話し合う、リカチャン握手する、貿易拡大！　といった段取りが主流でした。

「米覇権の奪取」という長期目標達成の重要ツール

一方で多国間の外交フレームは、国際社会の多くの国々と連携するため、利害調整コストも高いのが通例です。それぞれの国家が利益獲得をむき出しにしてバッチバチに交渉するわけですから、数カ月やそこらで合意形成ができるわけがありません。

合意の方向性をチャイナ当局もコントロールしにくいし、時にはチャイナ自身も事後的にそのフレーム（ルール）に縛られることもあります。しかし、チャイナにとっては重視しなければならない手段です。それはやはり米中覇権対立という長期的な野望によるものです。

多国間の外交フレームでチャイナは各国と経済的連携を強め、米国覇権に少しずつくさびを打ち込みます。これは、チャイナが多国間外交フレームを通じて「国際的正統性（レジティマシー）」を獲得するため、ひいては「共産主義改め、新しい民主主義（チャイナが謳う独特な民主主義のこと）」の盟主として君臨するために必要なツールと見ているということです。この分析視点を押さえながら、各フレームのありようを見ていきましょう。

経済フレームのＲＣＥＰと、安全保障フレームのＱｕａｄ

経済的便益と国際的正統性獲得という二つのリターンのバランスは、それぞれの外交フレームによって重点が異なります。例えばＲＣＥＰなどは経済的便益に重きを置いた外交フレームです。日本・チャイナ・韓国・オーストラリア・ニュージーランドとＡＳＥＡＮ

加盟十カ国の合計十五カ国が、二〇二〇年十一月に署名したEPAです。

RCEPは、我が国が中核的に動いてまとめ上げたために、久しぶりの日本主導の大型外交フレームとして注目を浴びたことが記憶に新しい方も多いでしょう。チャイナが二〇〇五年から主導したEAFTA（East Asian Free Trade Agreement　東アジア自由貿易圏。チャイ語で「東亜自由貿易区」）と我が国が二〇〇六年から主導したCEPEA（Comprehensive Economic Partnership in East Asia　東アジアEPA）の風呂敷をあわせて、大風呂敷のRCEPを仕立て上げた経緯があります。

RCEPにはインドの加入も検討されていましたが、結果的にはチャイナから安価な製品が輸入されインド国内の産業がマイナス影響を受ける懸念など、諸条件で折り合わずインドが脱落してしまいました。

印中対立の文脈としては、RCEPを通じてチャイナにひとつの国際的正統性が与えられてしまったという意味で、Quad（クアッド・アジア太平洋戦略）の主要四カ国（日本・米国・オーストラリア・インド）の対中牽制連携と「ねじれ」が生じたフォーメーションになっています。

RCEPにもクアッドにも顔を出す日本視点で言えば、RCEPではチャイナとニーハオ、Ｑｕａｄではインドとナマステなので、うまいことやれば絶妙なポジションを押さえられるゲーム進行になったとも言えます。ただし、失敗すれば「八方美人の罠」があります。

ＲＣＥＰ署名十五カ国のうち、二〇二〇年（正式発効前のデータとして）のチャイナから他の十四カ国に対する輸出入総額は、チャイナ全体の輸出入総額の三一・七％を占め、前年同期比三・五％増（輸出額五％増、輸入額二・二％増）となっています。チャイナは二〇二一年三月八日（両会開催中の商務部長の発言として）に正式に協定を承認しています。

チャイナとしては、インド無き今（？）、ＡＳＥＡＮと韓国との経済的な繋がりをさらに強固にして、あわよくば地域大国たる日本と経済的にガッチリ組んで対インド牽制を強めたいという意図があります。インドが交渉復帰する可能性は十分にありますから、チャイナはＲＣＥＰに熱心に取り組み、政府高官発言やプロパガンダで絶えずＲＣＥＰを持ち上げています。

我が国はそうしたチャイナの野心も踏まえた上で、韓国はアレですので、ＡＳＥＡＮとガッチリ手を組んで、チャイナだけがＡＳＥＡＮに深く入り込まないようにうまくコントロールする役目も担っていくべきでしょう。ＡＳＥＡＮ諸国にとっても、現時点でさえチャイナの経済的影響力が格段に強まる中で、これからのリスク分散が必要ですから、日本に期待する部分は大きいはずです。

アメリカの不在を狙うＣＰＴＰＰ

もうひとつチャイナが気になっているのがＣＰＴＰＰ（Comprehensive and Progressive Agreement for Trans-Pacific Partnership　環太平洋パートナーシップに関する包括的及び先進的な協定）です。

単純に言えば、米国抜きのＴＰＰがＣＰＴＰＰです。ＴＰＰは日本でも政局になるほど揉めたものですが、二〇一七年一月トランプ政権誕生直後にあっけなく米国がＴＰＰからの離脱（永久の離脱を明記した大統領覚書に署名）をしてしまいましたので、形を変えてＣＰＴＰＰとして有効化された外交フレームです。ＲＣＥＰにもＣＰＴＰＰにも参加しているのは日本、オーストラリア、ニュージーランド、シンガポール、マレーシア、ベトナム、ブルネイです【図７】。

チャイナがなぜＣＰＴＰＰを気にしているのかと言うと、ひとつは米国が「今は」不在である外交フレームであるということ。米国がいない間に入り込むという作戦はあらゆるチャイナの多国間協調外交フレームで繰り返されてきた手法です。

【図7】

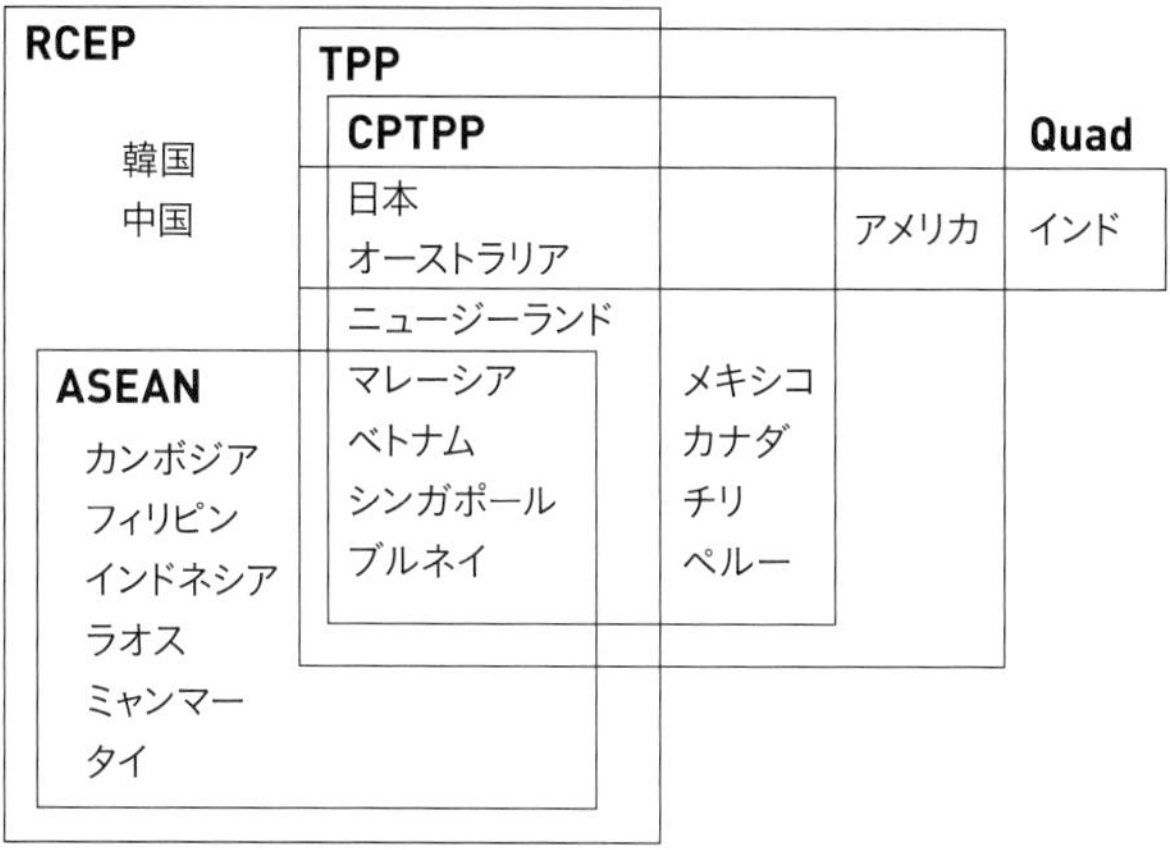

新コロでもＷＨＯがチャイナの傀儡《かいらい》であると批判されたように、国連・国連専門機関でチャイナが資金拠出をまんべんなく行い人材サポートもするように丁寧に育て上げた結果、チャイナの影響力が強くなってしまいました。みなが国連に興味が無くなる中、外交フレームメンテナンス職人のチャイナが動いていたわけです。

その一方で、超大国であり外交フレームの中核に位置することが期待される米国は、特にトランプ政権時代には外交フレームから手を引くことが目立ちました。

二〇二〇年四月十四日トランプ前大統領がＷＨＯへの資金拠出停止を表明した直後、四月二十三日にチャイナ外交部の華春瑩《ファーチュンイン》報道官が「途上国の衛生体制発展を目的として、チャイナが三千万米ドルをＷＨＯに追加寄付決定。三月十一日にはすでに二千万米ドル寄付している」と大宣伝しています。

遡って、二〇一九年十一月にトランプ前大統領がパリ協定脱退の正式通告を国連にすれば、チャイナはこれを機会として米国の一国主義を批判し、環境・グリーン政策での対欧州協調を含意した発言と政策を徹底的に宣伝展開しました。

バイデン政権や次期政権の米国がＣＰＴＰＰに何らかの形で再度乗ってくる可能性があるならば、チャイナはその前にＣＰＴＰＰ参加を検討したいという意思もあります。知財面でのハードルが高いけれども検討したい、というグレーなシグナルを発しています。

外交だけでなく内政にも使えるＣＰＴＰＰ

また、実はチャイナにとっては台北牽制の意味合いもあります。ＲＣＥＰにはチャイナが居座っていますので台湾が単独で入ることはほぼ無理でしょう。台北サイドとしてはＲＣＥＰにもＣＰＴＰＰにも入れないとなると、台湾が不利な状況になるとともに大陸経済がさらに強くなってしまうことを懸念します。

そこで、ＲＣＥＰよりはＣＰＴＰＰ加入にはわずかなチャンスがあると見ているわけです。実際の参加は相当に困難だとは思いますし、両岸問題に対してはそんな小さな火種も許さない北京中央ですから、チャイナがＣＰＴＰＰに秋波を送るというのは台北牽制という意味も多少は含まれています。

ちなみに蔡英文政権での「新南向政策」はＡＳＥＡＮ諸国やインド、パキスタン、バングラデシュ、ネパール、スリランカ、オーストラリア、ニュージーランドなどを含んだ包括的な独自の外交フレームで展開（対抗）しています。

日本では、習近平氏が二〇二〇年十一月のＡＰＥＣオンライン演説にてＣＰＴＰＰへの加入を言及したことが話題になりましたが、その前二〇二〇年五月の全人代（第十三期全国人民代表大会）でリカチャン総理が「チャイナはＣＰＴＰＰへの参加に積極的で開放的な態度をとっている」と発言したのがチャイナの最高指導部クラスからの最初の意思表明なはずです（日本の朝日新聞記者からの質問への回答として）。

チャイナにとってＣＰＴＰＰ加入には内政上のメリットもあります。習近平指導部が発足以来なかなか解決の道筋が見えない、非効率で低生産性で汚職が蔓延する国有企業改革についてです。

先ほど挙げましたようにＣＰＴＰＰの外交フレーム参加にあたっては、現在のチャイナにとって法制度やその遵守を社会に行き渡らせることなど知財問題をクリアすることが課題です。この課題解決を逆手にとれば、習近平指導部は「外圧」という手段を使って国有企業を改革する方向に仕向けることができるということです。

リカチャン総理はともかくとして、習近平氏がＣＰＴＰＰを外圧手段として、国有企業（管理層）を斬るツールとして使う算段があることは十分に考えられることです。外交よりも内政のためのＣＰＴＰＰ参画という視点は重要です。

中東、西欧と繋がり、ＥＵに圧力を

その他にも、数多の外交フレームがあります。日本が直接的に関与しないものでは、前段の中露関係のセクションで挙げたユーラシア経済連合（ロシア、ベラルーシ、カザフスタン、アルメニア、キルギス）とチャイナは二〇一八年五月に暫定自由貿易協定を結んでいます（チャイナ商務部長がカザフスタン首都ヌルスタンで署名）。

「17＋1」という面白味の無い名称で冷めきった外交フレームもあります。「17＋1」はチャイナと中東欧諸国（ＥＵ加盟国からブルガリア、クロアチア、チェコ、エストニア、ハンガリー、ラトビア、リトアニア、ポーランド、ルーマニア、スロバキア、スロベニア、ギリシャ。非EU加盟国からアルバニア、ボスニア・ヘルツェゴビナ、マケドニア、セルビア、モンテネグロ）の経済連携を目指した枠組みです。

二〇一二年から「16＋1」として、各国首脳が年一回集まってサミットをやっています。二〇一九年四月からギリシャが加わり「17＋1」になりました。

発足当初、チャイナとしては一帯一路の投資先および商圏拡大として版図を広げた上で、多国間協調を国際社会にアピールできて、EUの潜在的分断工作（表立ったものでなくとも）にも利用できるという野心がありました。

中東欧諸国側は二〇〇八年リーマンショックのマイナス影響が低かったチャイナと連携することで国際的な金融危機に備えたリスク管理という面や、特に非EU加盟国はチャイナからの投資を望んでいたという魂胆があります。

二〇一二年四月、温家宝《ウェンジャーバオ》首相がポーランドのワルシャワで第一回目の同サミットを開催したときから双方がボンヤリとした打算で動いていた印象の枠組みです。

この枠組みの特徴は、中東欧諸国各国とチャイナの二国間で交わされた覚書の集合体ということでしょう。中東欧がまとまって交渉力をもってチャイナと対峙しようという枠組みではないということです。当該合意事項の範囲は多様な産業領域で交わされています。

国際的チャイナバッシングと、チャイナの反撃

ジェトロ（JETRO　日本貿易振興機構）がウィーン比較経済研究所（WIIW）および米国戦略国際問題研究所（CSIS）のレポートを参考にした分析を二〇一八年八月に公表しています。中東欧諸国が諸外国から受けた二〇一四年から二〇一七年にかけた対外直接投資（フロー）の投資額全体に対するチャイナからの対内直接投資額シェアを見ると、チェコが断トツで数十％と高く、次にセルビアが数％、その他の国々は約一％か一％未満という状況でした。

このバラツキでは、目論んでいたチャイナからの直接投資があまりにも少なく、ほとんどの中東欧諸国が「17＋1」の枠組みを維持しておく意味がないと考えたのも当然でしょう。チャイナ商務部最新データでは過去から累積した二〇二〇年末までの直接投資総額は、チャイナから中東欧諸国が三十一億四千万米ドル、中東欧諸国からチャイナが十七億二千万ドルになっています。二〇一九年からは米中対立激化による米国からの世界各国への「反中」方向への圧力（代表例はファーウェイ社の通信機器排除の動き）が高まります。

そして二〇二〇年には新コロによる各国大衆レベルでの「反中」感情の世界的な高まり

がありました。トランプ政権末期からバイデン政権へと移行しても、米国は引き続き激しく国際社会世論を動かし、チャイナを「人権問題」等で叩く宣伝戦・プロパガンダを仕掛けます。そこにファクトがあるのか、正義はどちらにあるのかなどはさておき、です。

それに対応してチャイナも国際社会に向けてカウンタープロパガンダをかましますし、ワクチン外交や多国間協調を訴えて動きますが、劣勢です。そこでチャイナは亀の甲羅のように手足を引っ込めて、短期では内政課題に取り組む期間としたほうがよいと判断したのでしょう。

外交リスク回避のために「内循環主体（内循環を主体とした内外双循環）」、つまり一帯一路のような国際的な投資、貿易の積極拡大よりも、相対的にはチャイナ国内の供給と需要を後押しする産業経済の方向性を国内に向けて訴えるようになります。

チャイナ欧州定期列車は欧州企業の「生命線」!?

これらをもって、いよいよチャイナから中東欧諸国への投資も退潮ムードとなります。二〇二〇年二月に開催されたオンラインサミットでは、ラトビア、リトアニア、ルーマニア、ブルガリア、スロベニア、エストニアは首脳が参加しなかったようでお寒い状況です。

二〇二一年三月現在、「17＋1」は存在すれど、冷めきった外交フレームになったと言えるでしょう。

一帯一路における直接投資の退潮（チャイナ側による能動的な退潮であることに留意）のため「17＋1」という外交フレームは古漬け案件化したものの、貿易額は堅調に推移していることは無視できません。チャイナ商務部によれば、二〇二〇年のチャイナと中東欧諸国間の貿易額は一千三十四億五千万米ドル、前年同期比八・四％増で、初の一千億米ドル超えを達成しました。

チャイナ欧州定期列車は一万二千四百本が運行し、前年同期比でなんと五〇％増加しています。チャイナプロパガンダメディアでは、ポーランドからチャイナに乳製品の二〇二〇年輸入量は前年同期比七〇％増だ、と盛り上がっておりましたし、新コロの状況において物流は重要であって、チャイナ欧州定期列車は欧州企業にとっての「生命線」と豪語されていました。

「あぁ、そうですか」といった感想しか持ちませんが、実際に新コロ禍とは無関係にチャイナの欧州方面への商圏が拡大していることは間違いなさそうです。チャイナは今後五年間で中東欧諸国から累計総額一千七百億米ドル以上の商品輸入を計画しており、デジタル経済、オンラインビジネス、健康産業などの領域で協調することを打ち出しています。

消息が途絶え「闇案件」化した枠組みも

本書に関わるマネーに関する分野では、大きな枠組みとして二〇一六年十一月にリカチャン総理が第五回目の同サミットに出席したときに、「中東欧16＋1金融ホールディングス」を正式に発足させることを約束しました。サミットの翌日六日に、中国工商銀行が十億ユーロを単独で投じて、同ホールディングカンパニーが設立されたようです。

設立時の同カンパニー責任者は元中国工商銀行董事長の姜建清《ジャンジエンチン》氏。当時の計画としては同カンパニーが百億ユーロ規模のファンドを募って（中国人寿保険、復星集団、金鷹国際集団などの投資経験があるチャイナ側大企業の参加を呼び水に、中東欧側も参加予定云々）、五百億ユーロの信用貸付などを行うと新華社で報じられていました。

チャイナとポーランドおよびチェコがファンド参加の覚書署名をしていて、その他ラトビアなどの参加も見込まれるとされていましたが、どうなってしまったのか謎です。民主主義国だったら初期投資した中国工商銀行役員の経営責任を追及されそうな出資額ですが、さすが「紅い最高指導部の合意」がある闇案件、誰からも文句が出ません。その後は二〇一七年にいくつかニュースがあっただけで、報道がプッツリと無くなり、こちらのファンドも「17＋1」同様に塩漬けに入ったようなものです。

現地通貨決済については、例えば「中国銀行ハンガリー支店・ハンガリー中央精算機関、人民元決済（結算）服務協議」のような決済に関する具体的合意も正式に結ばれています。チャイナの「銀聯」カードやバーコード・QRコード決済普及などの総合的な金融サービスの諸合意や、リカチャン総理自身も現地通貨決済の推進を約束していますので、将来的に温存しておいた塩漬けフレームが復活したときには、突然積極的な商圏拡大と人民元の普及が訪れるのかもしれません。

「17＋1」は今は廃れた外交フレームの塩漬け案件で、チャイナはいつものメンテナンス職人としてせっせとこれを温存し、将来に塩抜きタイミングが来たら、そのときにまた美味しく食べるのでしょう。あくまでも「17＋1」は米中対立コンテクストの中のサブ案件の扱いなので将来は米中対立情勢から導かれるチャイナ側のモチベーション変化に依拠するものですが、今後何カ国かが脱落し、例え「10＋1」になってもチャイナはメンテを続けそうな臭い（執念）を感じます。バラした後に再復活させて中東欧「新X＋1」なる概念を登場させるかもしれませんが。

一帯一路はマネー覇権のための大風呂敷

多様な概念を含む一帯一路構想。本書でもすでに何度も登場しました。ここで一帯一路がマネー覇権に繋がる意義に注目してみましょう。

一帯一路について、チャイナのオフィシャルな定義と見解には長い説明があるものの、あまりにもそれはプロパガンダ成分を含んでいます。端的には二〇一三年頃から始まったチャイナの対外的な直接投資と商圏拡大のための巨大な風呂敷である、という認識でよいでしょう。

チャイナの国内外に描く「シルクロード経済ベルト（一帯）」と「二十一世紀海上シルクロード（一路）」の二つの帯状の経済圏を基本として、前段で挙げたガスと原油のパイプライン、鉄道、道路、経済回廊、そして港湾、発電所、電力網などのインフラの取得と建設を融合した概念です。これらインフラの発展とともにその上に乗ってくるのがコンテンツとしての商圏と捉えられます。

「一帯一路網（http://ydyl.china.com.cn/）」という官製特設サイトも用意されています。チャイ語版と英語版があり、ここではあらゆる一帯一路関連のニュースやデータが網羅され

【図8】　一帯一路イメージ図

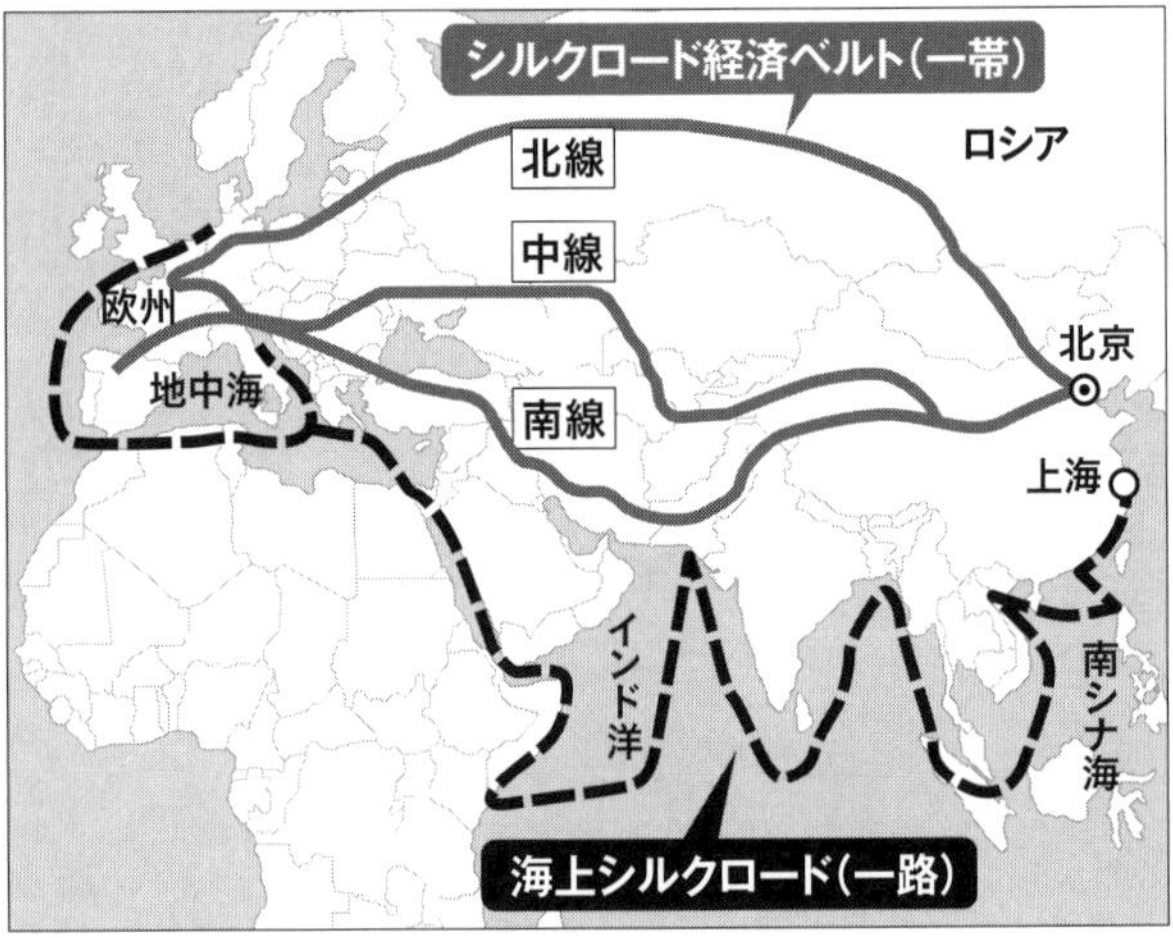

ていて、宣伝に力が入っている様子が伝わってきます。

チャイナから欧州までユーラシア大陸を大きく結ぶ帯として、以下の三線（帯）が規定されています【図８】。

北線：チャイナ—中央アジア—ロシア—欧州（バルト海）

中線：チャイナ—中央アジア—西アジア—ペルシャ湾—地中海

南線：チャイナ—東南アジア—南アジア—インド洋

また海上シルクロードは、チャイナの港湾都市—インド洋—欧州を結びます。

そのうち、チャイナ内港湾都市は上海、大連、重慶、成都、寧波、周山、呉漢、

一帯一路沿線国家65カ国

人口	**44億人**（世界人口の63%）
経済規模（GDP）	**21兆億ドル**（世界の29%）
中国語学習者	**46万人超**（中国以外）

ASEAN10カ国	シンガポール、マレーシア、インドネシア、ミャンマー、タイ、ラオス、カンボジア、ベトナム、ブルネイ、フィリピン
東アジア	モンゴル
西アジア（中東）18カ国	イラン、イラク、トルコ、シリア、ヨルダン、レバノン、イスラエル、パレスチナ、サウジアラビア、イエメン、オマーン、アラブ首長国連邦、カタール、クウェート、バーレーン、ギリシャ、キプロス、エジプトのシナイ半島
南アジア8カ国	インド、パキスタン、バングラデシュ、アフガニスタン、スリランカ、モルディブ、ネパール、ブータン
中央アジア5カ国	カザフスタン、ウズベキスタン、トルクメニスタン、タジキスタン、キルギスタン
独立国家共同体CIS7カ国	ロシア、ウクライナ、ベラルーシ、ジョージア、アゼルバイジャン、アルメニア、モルドバ
中東欧16カ国	ポーランド、リトアニア、エストニア、ラトビア、チェコ共和国、スロバキア、ハンガリー、スロベニア、クロアチア、ボスニア・ヘルツェゴビナ、モンテネグロ、セルビア、アルバニア、ルーマニア、ブルガリア、マケドニア

長沙、南昌、合肥、深圳、張江、山東、青島、煙台、夏門、三亜など。

この「一帯」と「一路」の沿線にある国家（一帯一路沿線国家）は、チャイナ以外では主に六十五カ国から構成されています。

他国の参加意思など関係なく超大国を目指す「全能感」を反映したチャイナ流外交フレーム。安全保障が多様化したこの時代なのに、中心国家として自らを据えたジャイアン的な大風呂敷の設定。「一緒にやりませんか？」ではなくて、「俺様のところへ来い！」というザ・ジャイアンリサイタルであることは間違いありません。

一帯一路構想の進展は常に注視が必要

リアルイベントとしては、二〇一七年五月に第一回一帯一路国際協力サミットフォーラムが北京で開催されました。二十九カ国から国家元首や政府高官が参加しています。ロシアのプーチン大統領やイタリアのジェンティローニ首相らが注目株でした。二〇一九年四月には第二回の同フォーラムが北京で開催されています。

二〇二〇年六月は新コロの影響もあり、「一帯一路」国際協力ハイレベルオンライン会議という形式で二十四カ国の外相レベルが参加しています。新コロだけでなく、前述の

「内循環を主体とした内外双循環」姿勢によって、ちょいと格落ちさせたイメージです。

野蛮で野心的な外交フレームである一帯一路のインフラ投資は、チャイナが巨大な資本を使って国外で支配する「飛び地」を合法的につくるという面もあります。経済力を使ってチャイナが無数の国外拠点を支配していき、その点を結んだものが一帯一路ということもできるでしょう。

チャイナ側はあくまでも純粋に経済目的の対外直接投資であることを力説しますが、インフラの支配は産業経済面だけではなく軍事安全保障上の懸念にも繋がるため、各国から一帯一路という構想そのものが警戒されることもしばしばあります。

我が国としては過度に盲目的な警戒をする必要はありませんが、実際に安全保障上の潜在的リスクとなることは間違いないので、一帯一路構想がどれほど具体的に伸展しているのかについては常に注視する必要があります。その警戒意識の上で、我々の経済的利益となるところは、うまく協調益を獲得していくことが戦術として求められます。

ゴリ押しはするものの、チャイナの片思いにすぎぬ現状

商務部が二〇二一年一月に発表したデータによれば、二〇二〇年チャイナの非金融分野

の対外直接投資は一千百一億五千万ドル、前年同期比〇・四％減。そのうち一帯一路沿線国家への金額は投資総額の一六・二％を占めています。二〇二〇年中に新たに契約された請負工事合意は一千四百十四億六千万米ドルで、チャイナ全体の対外合意のうち五五・四％を占めます。

産業別には、主な対外直接投資先はレンタルとビジネスサービス、卸売・小売、科学研究・専門技術サービス、発電供給などの領域でした。特に卸売・小売の投資成長割合がトップで二七・八％増、科学研究・専門技術サービスが一八・一％増でした。

中国新聞社の記事（二〇二一年一月二十一日）によれば、チャイナから一帯一路沿線国家への投資熱は高まっていますが、他国からチャイナへの投資はさほど盛り上がっていないと書かれていまして、そりゃそうだろ、と思った次第です。

チャイナが勝手に盛り上げたジャイアン的主張なんだから、そう簡単に短期で他国がチャイナに直接投資のラブコールをするわけはありません。ジャイアンの片思いの巨大なハートが、あたりかまわず一方的に沿線国家に投げつけられている様子がうかがえます。

G7からイタリアが参加、ニッコリの習近平

ただし、片思いとはいえジャイアンのゴリ押しパワーは侮れません。徐々に各国との合意を決めてゆき、二〇一九年三月にはついにG7からイタリアが合意。一帯一路協力に関する合意文書にコンテ首相と習近平氏が正式署名しました（日本のメディアでは「覚書」と報道）。

本件は習近平氏外遊の大きな目玉成果として、プロパガンダメディア総動員で報道されていました。これまで、「所詮はチャイナがいつものように大言壮語を吐いているだけの構想だからな」と馬鹿にされていたものに、G7構成国のイタリアによる合意でうっすらと箔が付いた形です。

余談ですが、この時の習近平氏外遊は二〇一九年三月二十一日から二十六日の期間でスケジュールされ、プロパガンダメディアは大々的に成果を発表しようとして準備していました。ところが、間が悪いことに江蘇省塩城市の農薬化学プラントで大爆発事故が三月二十一日に起こり、死傷者百名を超える大惨事となりました。発生後すぐに習近平氏からの対策指示が飛んだ旨が報道され、留守を預かるリカチャン総理が額に汗して事態の収拾に

とりかかりました。

その事後対応の素早さといったら異常なもので、献血に駆けつける一千名のボランティや、昼夜問わず働き続ける医療従事者をまとめた感動的な映像クリップがプロパガンダとして流され、数日後には大きな追悼記念碑まで建立されて、その前で党幹部らが哀悼の意を表す画像が報道されました。

医療対応とお涙頂戴プロパガンダ映像、党幹部らの駆けつけ見舞いに至るまで、一気に対応できる素早さに驚きましたが、今から振り返れば、新コロ対応のミニ版のようなものですから、この当局対応のスピード感をアピールする一連のプロパガンダというものが当時からマニュアル化されていたんだな、と思われます。

一帯一路投資軽視がリスキーな理由

話を戻します。大爆発アクシデントでメンツが潰れそうになりましたが、無難に三月二十三日にコンテ首相との合意署名ができて一応ご満悦のプロパガンダ写真が撮れました。めでたし、めでたし（?）。

イタリアの後は現時点まで、G7からは一帯一路協力に正式文書合意した国家はありません。環球時報によれば二〇二〇年末時点までに合意署名に達したパートナーは百三十八の国家と三十一の国際組織で、二百三通の合意文書があるそうです。約七年間のゴリ押し外交の成果としてこれを多いと見るか、少ないと見るのかは難しいところ。

二〇一九年後半からは、米国トランプ政権から世界各国に対して「反中」プッシュが強くなった時期ですし、二〇二〇年は新コロで単純に外交関係が進みにくかったと同時に、新コロ拡散責任を問うチャイナに対する怨嗟《えんさ》の声が世界各地で起こりました。

そんな空気感を読み取ってか、チャイナも二〇二〇年十月に行われた五中全会（第十九期中央委員会第五回全体会議）において、「内循環を主体とした内外双循環」なるフレーズとともに短中期の計画を立てました。この短中期計画が、「十四五（第十四次五カ年計画、二〇二一～二五年）」および「二〇三五年までの長期目標の綱要」という大きな二つの国家目標に繋がってきます。

これは、中東欧「17＋1」の話題でも触れましたが、これまでのグローバル経済で外向きにイケイケドンドン志向ではなく、しばらく内需をしっかりと育てるモードでいきましょう、もちろん外循環（外向きの経済）も軽視しないけれども、重視政策としてリソースを割く対象は内需・内政でいきましょう、というものです。結果として、一帯一路沿線国家へのインフラ投資も急速に萎ませることになったりしています。退潮ムードですね。

ただし、我々が留意すべきは受動的退潮というよりも、能動的退潮であるという視点。二〇二一年からの数年間は、米国バイデン政権が先進各国を巻き込んで新しく展開する対チャイナ牽制を主眼にした外交フレームがどのような展開を見せるのかを、北京中央は首と手足を甲羅に引っ込めた強めの防御モードでねっとりと観察しています。北京中央の意向によって、五年先には再度、外向きにイケイケドンドンの投資モードになる可能性があります。一概に「一帯一路のインフラ投資はオワコン」と断罪してしまうのは状況分析としてリスキーでしょう。

一帯一路のマネー実働部隊としてのＡＩＩＢ

インフラと商圏、そしてマネーの三要素が一帯一路の実体になりますので、そのマネーを司る機関は重要な実働部隊です。

一帯一路構想における対外インフラ投資と商圏拡大のために動く機関は、ＡＩＩＢ（アジアインフラ投資銀行）、シルクロード基金、ＢＲＩＣＳ新開発銀行（緊急時外貨準備金基金含む）、中東欧16＋1金融ホールディングスになります。その他にも、上海協力機構銀行聯合体やASEAN+3（日中韓）銀行間協力メカニズムなども関連するようなことが示唆されていますが、実行可能性は不明です。

AIIBは一帯一路構想表明の直後、習近平氏が二〇一三年十月にインドネシア訪問時に構想が表明されたものです。チャイナがイニシアチブをとる意思決定メカニズム（三〇%をチャイナが拠出し、単独で拒否権を持つ）への警戒感から、設立までに紆余曲折あり二〇一六年一月に名実ともにようやく開業にこぎつけています。

二〇一四年当初には閑古鳥が鳴いていたような参加国名簿でしたが、チャイナが欧州諸国への水面下での手練手管の寝技（？）を仕掛けたことで、二〇一五年三月、G7からイギリスが参加を表明します。これを受けてドイツ、フランス、イタリアが次々と手をあげます。

こうなってくるとバンドワゴン効果でチャイナのターン。一気に参加を決定する国が増えました。結局、ADB（アジア開発銀行）が扱わないようなジャンク案件をとっていくB級プラットフォームだと揶揄されながらも、設立開業時には五十七カ国が合計一千億米ドルの資金を拠出しました。

設立開業時の参加国は【図9】の通りです。

【図9】

AIIBの創設メンバー57カ国		
アジア太平洋（25カ国）	中国、バングラデシュ、インド、カザフスタン、モルディブ、モンゴル、ネパール、パキスタン、スリランカ、タジキスタン、ウズベキスタン、ニュージーランド、韓国、オーストラリア、キルギス	
	ASEAN（10カ国）	ブルネイ、カンボジア、インドネシア、ラオス、マレーシア、ミャンマー、フィリピン、シンガポール、タイ、ベトナム
中東（10カ国）	ヨルダン、カタール、クウェート、サウジアラビア、オマーン、トルコ、エジプト、イラン、アラブ首長国連邦、イスラエル	
ヨーロッパ（20カ国）	イギリス、フランス、ドイツ、イタリア（以上G7）、ルクセンブルク、スイス、オーストリア、オランダ、グルジア、ロシア、デンマーク、フィンランド、ノルウェー、マルタ、スペイン、アイスランド、ポルトガル、ポーランド、スウェーデン、アゼルバイジャン	
南米（1カ国）	ブラジル	
アフリカ（1カ国）	南アフリカ	

世界銀行（＋ＩＭＦ）という国際開発金融の枠組みのど真ん中にいる米国、そしてその同盟国でありＡＤＢを牽引する我が国は、チャイナのＡＩＩＢ参画への呼びかけに応じませんでしたので、この枠組みにおいても、米（日）陣営とチャイナ陣営の色分けが強いものとなりました。

米中マネー覇権対立の前哨戦とでも言いましょうか、ＡＩＩＢ設立までの駆け引きは、これからの長いマネー覇権対立の狼煙が上がった初期イベントでもあったわけです。カーン！　とゴングが鳴り響きました。欧州の主要各国がＡＩＩＢ「にも」良い顔をしたのが、実に印象的です。

「ＡＩＩＢは順調」と自画自賛

二〇二一年現在、ＡＩＩＢ発足から五年が経過し、執筆時現在では百三カ国が参加しています。そのうち二十八カ国が二百三十億米ドルを超えるインフラへの投資資金を提供し、採用された投資対象は百十二プロジェクトにのぼります。

チャイナ側はプロパガンダメディア（人民日報および新華社）を通じて、発足五年の節目としてＡＩＩＢ実績の総括を記事にしていました。「五年前は懐疑的に見られていてこんなに順調に行くとは思わなんだよ。五年間で多くの国々が熱烈に支持してくれるようになって、俺たちよくやったぜ、ふぅ。（ＡＩＩＢ副行長兼董事会秘書の艾徳明《アイドゥーミン》氏）」的な強い自画自賛がキツイ内容になっています。

ＡＩＩＢ行長の金立郡《ジンリージュン》氏も「中国はＡＩＩＢの最大株主であるが、中国側は当初より多国間協調の開発銀行モデルと原則を基にした運営を支持しており、ＡＩＩＢの発展は中国の国際信用力と責任大国を体現したものだ」と大絶賛していて、臭すぎる体制ヨイショ言論には思わず咳き込んでしまいました。

パキスタンM４南北高速道路、カザフスタン風力発電、バングラデシュダッカ環境衛生改善、エジプト太陽光発電といったプロジェクトを通じて「人類運命共同体」の新プラットフォームがつくられた、とテンション高く発表しています。

人類運命共同体という概念は説明をしておいたほうがいいかと思われますので、次章で詳述します。

米中対立、気候変動ラウンド開始

ＡＩＩＢは二〇二〇年四月に新型コロナ危機回復基金を立ち上げ、その資産は百三十億米ドルに達しました。この基金を通じて現在までに七十億米ドルの融資が実行され、そのうち多くがＡＤＢや世銀と協調融資でありました。新コロイベントを使って、ＡＩＩＢは世界で孤立して勝手に動いているわけじゃないよ、と宣伝してくるところも強かですね。

今後十年でのＡＩＩＢ発展戦略は、二〇二五年までは気候変動関連への融資が五〇％を占めます。二〇三〇年までにはクロスボーダーインフラ（パイプラインなど）が二五から三〇％、民間企業への融資が五〇％を占めると決定されています。気候変動への比重が一気に高くなっているのは、これまでの欧州協調に加えて米国のバイデン政権が発足したことにも影響されています。

地球温暖化対策の国際的なフレームであるパリ協定から、トランプ政権時に米国が脱退したことを受けて、チャイナが脱炭素・地球温暖化防止に向けての多国間協調を一層強く主張するようになりました。

これは「米国は独りよがりである」という論点で米国を批判しながら、欧州と価値観を同じくして接近する、というチャイナのいつものやり口でした。

ところが、バイデン政権になり、米国がパリ協定に復帰、さらに地球温暖化に向けて積極的に動き出しました。独りよがりではない米国が復活してしまったわけです。チャイナとしては、今まで撒いてきた種を、国際協調にカムバックした米国によって潰されてしまうことを避けたいため、これまでより強く気候変動と脱炭素を主張するようになっています。本気でやる気があるのかどうかは全く別の話ですのでご注意を。

その表れがＡＩＩＢの融資項目対象計画にも反映されているということです。米中二国がライバル心むき出しで、相手が出すならそれよりも多く、さらにそっちがその気ならウチはもっと、というスパイラルが連続し、気候変動への資源投下がインフレしているというイメージを持ちました。

人民元決済と抱き合わせで進むシルクロード基金

ＡＩＩＢと同時期に設立され、ＡＩＩＢよりも一帯一路関連プロジェクトへの金融に特化しているのがシルクロード基金です。二〇一四年十一月に習近平氏が構想を発表し、国家外貨管理局、中国投資有限責任公司、中国輸出入銀行、国家開発銀行が合計四百億米ドルを共同出資することになりました。

シルクロード基金の管理運営法人は、同年十二月に百億米ドルの資本金で設立されたシルクロード基金有限公司です（資本金出資額は、国家外貨管理局が六十五億米ドル、中国投資有限責任公司が十五億米ドル、中国輸出入銀行が十五億米ドル、国家開発銀行が五億米ドル。董事長は元中国人民銀行行長助役の金琦《ジンチー》氏）。

ＡＩＩＢが国際的なフレームとして複雑な合意形成プロセスを経て、他国を一帯一路に結びつける役目を担っているとすれば、シルクロード基金はチャイナ独自でスピード感を持ってチャイナ単独の利益のために動かすマネーと言えるでしょう。

ところで、出資機関のうち国家開発銀行はもともと国内向けの政策性銀行でした。同行は中国輸出入銀行と中国農業発展銀行とともに一九九四年に設立された政策性金融三行のひとつだったのですが、二〇〇〇年代後半からは国家開発銀行のみ商業銀行化が進められ、その他二行は政策性金融にとどまる方向性が位置づけられた経緯があります。

その前提を鑑《かんが》みれば、国家開発銀行は主にチャイナ国内向けの開発金融であり、かつ商業銀行化を位置づけられていたのに、対外的なシルクロード基金に政策金融としてゴリ押しで組み込まれていて、中の人は大変なんじゃなかろうかと要らぬ心配をしてしまいました。

二〇一七年五月には、習近平氏が一帯一路国際協力サミットフォーラムの基調演説で、シルクロード基金に新たに一千億元を追加出資することを表明しました。当時、人民網日本語版が習近平演説を伝えた内容を抜粋しますと、「中国は一帯一路建設への資金援助を拡大し、シルクロード基金に新たに一千億元を出資し、金融機関が人民元による海外基金事業を展開することを奨励し、規模は約三千億元を想定する。国家開発銀行、中国輸出入銀行がそれぞれ二千五百億元と一千三百億元相当の人民元建て特定貸出金を提供する」との報道がありました。

シルクロード基金設立時は米ドルで処理されていましたが、このときの追加資金投入は人民元であり、人民元決済を進める意向がセットになったものだったわけです。これは重要な点です。

シルクロード基金によるインフラプロジェクトへの投資は、クロスボーダー人民元決済もオプションとして含まれたものになってくることが伝えられています。二〇一八年七月に行われた「人民元国際化報告」の発表会において、金琦董事長が第一発目の人民元対外投資プロジェクトの合意署名が完了したばかりである、と説明しています。今後はシルクロード基金をベースに人民元決済（人民元国際化への道）を深化させていくようです。

「南南協力」でアフリカに攻め込むチャイナ

一帯一路はチャイナの国内外インフラ投資を促進する大きな構想ですが、実は一帯一路沿線地域以外へのインフラ開発金融スキームも十分に用意しています。一帯一路関連のAIIB、シルクロード基金でガバッと広域を抑えて、それ以外の場所は別働隊の金融機関と基金で攻めるという様子です。面と点です。巨大面の一帯一路とそれ以外は各個撃破というスキーム。

例えば一帯一路でカバーできない範囲で日本・韓国、アフリカ全域諸国などがあれば、日韓はＴＰＰで攻める、アフリカは「南南協力」で攻める、と。

南南協力とは、先進国＝北、途上国＝南という経済格差の所謂「南北問題」から転じて、途上国間（南南）の協力関係を表します。南側のチャイナが南側の途上国であるアフリカなどを支援するということになりますが、途上国という名ばかりの隠れ蓑を利用した世界第二位の経済大国チャイナと、真の途上国の協力関係は圧倒的な上下関係を生み出すにすぎません。

チャイナは、ＯＥＣＤ（経済協力開発機構）フレームによる支援と対照的な対抗軸として、南南協力という一見すると平和な協力関係を提唱しますが、チャイナが途上国を「配下」に置くスキームであると考えてよいでしょう。チャイナはそういった批判に猛反発しますが、感情論を除いても現実にそういった上下関係・主従関係をつくり上げています。

一帯一路という大きな風呂敷を独立的なものと捉えて、それ以外に小さな風呂敷があります。僕は大風呂敷プラス複数の小風呂敷＝「一帯一路プラス」といったものをイメージすると、現在のチャイナのインフラ投資の方向性に当てはまりがいいと思っています。

ＢＲＩＣＳ内でも人民元決済がキーワード

前述のＢＲＩＣＳ五カ国を対象としたインフラ開発金融では、ＢＲＩＣＳ新開発銀行が設立されています。二〇一四年七月に同五カ国によるフォルタレザ宣言で、出資金一千億米ドルを五カ国が均等に割って出資することが決定され、設立されました（設立時は五百億ドルで、将来的に総額一千億米ドルまで引き上げる）。

同時に一千億米ドルの緊急時外貨準備金基金も設立されています（こちらは、チャイナが四百十億ドル、ブラジル・インド・ロシアが各百八十億ドル、南アが五十億ドルという割合）。本部は上海にありまして、ＢＲＩＣＳ五カ国の中でもチャイナが主導的立場で動かしています。さすがチャイナは廃《すた》れた外交フレームのメンテナンス職人です（褒めてない）。

二〇一六年七月には「緑色債権（グリーンボンド）」という初の人民元建てで三十億人民元規模の債権（期限五年）を発行しました。直近でも二〇二〇年七月に二十億元規模の人民元建て債権（期限五年）を発行しています。ＡＩＩＢやシルクロード基金と並んで、ＢＲＩＣＳ五カ国内でもインフラ投資と人民元決済がキーワードになってきています。

南南協力のインフラ開発に対しては、二〇一五年九月の「国連持続可能な開発サミット」上で習近平氏が提唱し二十億米ドルで設立された南南協力援助基金が実働部隊になります。

現在でもチャイナが相当に重視する南南協力の良質な「漁場」は、アフリカです。大量漁獲が狙えます。そもそもチャイナは一九五〇年代、国連での地位を掴み取る前、中華人民共和国建国直後から積極的にアフリカ諸国との関係性を構築していますし、「毛沢東の三つの世界論」とも歩調をあわせてアフリカを重要なパートナーと見なしていたようです。

特に南南協力の一環として二〇〇〇年十月に各国大臣級が北京に集合し第一回会議が開催された「チャイナアフリカ協力フォーラム」が、定期的に開催されるようになってからは、チャイナとアフリカの一カ国という二国間関係だけではなく、チャイナとアフリカ諸国という「一対多」の関係性が強くなりました。

チャイナがガバッと「まき網漁方式」でアフリカ諸国と交流関係を深められるようになったというところがポイントです。

同フォーラムのアフリカからの参加53カ国は、アルジェリア、アンゴラ、ベナン、ボツワナ、ブルキナファソ、ブルンジ、ケープベルデ、カメルーン、中央アフリカ、チャド、コモロ、コンゴ民主共和国、コートジボワール、コンゴ共和国、ジブチ、エジプト、赤道ギニア、エリトリア、エチオピア、ガボン、ガンビア、ガーナ、ギニア、ギニアビサウ、ケニア、レソト、リベリア、リビア、マダガスカル、マラウイ、マリ、モーリタニア、モーリシャス、モロッコ、モザンビーク、ナミビア、ニジェール、ナイジェリア、ルワンダ、サントメ・プリンシペ、セネガル、セーシェル、シエラレオネ、ソマリア、南アフリカ、南スーダン、スーダン、タンザニア、トーゴ、チュニジア、ウガンダ、ザンビア、ジンバブエ。

正式な第一回会議合意文書としては『北京宣言』と『チャイナアフリカ経済社会発展合作要綱』になります。

チャイナからアフリカへの投資額は百倍に！

二〇二一年三月に外交部長の王毅氏が記者会見で発表した内容によれば、同フォーラム第一回開催後、双方の貿易額は二十倍になり、チャイナからアフリカへの直接投資額は百倍、新たな友好都市数は百五十組となったそうです。商務部によれば、二〇一〇年以降はチャイナがアフリカにとっての最大の貿易国となり、チャイナのアフリカ内での鉄道建設距離は六千キロメートルを超え、二十の港湾施設、八十の大型電力施設、百三十の医療機構、四十五の体育館、百七十の学校をインフラ建設しています。

新コロ前の二〇一九年末までには、チャイナの在アフリカ企業数は全産業あわせて三千八百社を超え、累積投資総額は四百四十四億米ドルになっています。二〇一九年度のチャイナアフリカ間の貿易輸出入総額は、約二千六十八億米ドルでした（中国税関統計）。貿易額は上位から南アフリカ、アンゴラ、ナイジェリア、エジプト、アルジェリア、ガーナ、リビア、コンゴ民主共和国、コンゴ共和国、ケニアの順で、これらの十カ国が貿易輸出入総額の約千四百十六億米ドルを占めていました。

南アはBRICSを通じた連携も強いことから、チャイナにとってはアフリカの重要拠点のひとつとも言えるので、欧州大航海時代のケープタウン航路を僕は思い浮かべます。目指せケープタウン。

二〇一五年十二月チャイナアフリカ協力フォーラム・ヨハネスブルグサミットにて提唱された「十大協力計画」について、二〇一八年九月同フォーラム北京サミット直前に順調に遂行され完了した旨が発表され、続いて九月のサミット開会中「八大行動」が発表されました。

ともに貿易、インフラ、グリーン環境、人材開発、平和安全、健康などが掲げられた総花的な交流施策であって、目的がいまひとつピンと来ません。チャイナが好きな「数字＋政策」のネーミングで、具体的ではない大局的な合作キャッチフレーズを掲げて、自らの超大国イメージを演出したものでしょう。

ＵＮＣＴＡＤ（国際連合貿易開発会議）のデータによれば、アフリカへの直接投資額で最大の国は長年にわたって米国であり、その次にイギリス、フランスが続きます。貿易額はチャイナがトップとなりましたが、直接投資額ではチャイナはまだ年間数十億米ドル程度にすぎず、先進諸国に遅れをとっているので、これを政策的な強い後押しで年々増額させ猛追している状況です。

我々日本としては、全世界的なチャイナの対抗軸たる米国のアフリカへの関与は大いに期待したいところでありますが、ＢＥＡ（米国商務省経済分析局）によれば、米国の対アフリカ直接投資は二〇一四年の約六百九十億米ドルをピークにして、その後は徐々に低下していることが気になるところです。二〇一九年では約四百三十二億米ドルまで落ち込んでいます。

日本も「最後のフロンティア」へ駆け出す

我らが日本は二〇一六年まで、アフリカへの直接投資額は上位十カ国にも入っていませんでした。ところが近年、「最後のフロンティア」として、ODAではなくビジネス投資として我が国もアフリカに根を張るようになっています。

二〇一九年八月に横浜で開かれた第七回TICAD（アフリカ開発会議）では、当時の安倍晋三首相が、今後三年間で二百億米ドルを超える民間投資を政府が後押しする考えを示しました。

チャイナのように国家（が直接関与する金融機関）が資金拠出するというスキームではありませんが、二〇一九年前の直近三年間で二百億米ドルを民間日系企業がアフリカに直接投資した実績（同安倍首相演説にて公表）を鑑みれば、さらに進展する可能性はあります。

話が横道にそれますが、個人的には、同時に提唱されたアフリカでの人材育成を謳った「ABEイニシアチブ3・0」という、前政権レガシー的で意識高い系の名称がどうなるのか気になったりしています。

我が国のアフリカ投資は、産業上の新しいサプライチェーンと新規市場開拓を目指す上でも好ましいことですし、さらには対チャイナ牽制という安全保障上のメリットも生まれます。ぜひとも積極的な政策上の後押しを期待したいところです。

チャイナが途上国へ繰り出す「六百本ノック」

チャイナのインフラ開発金融となる南南協力援助基金は、「南・南」というよりも、所謂札束外交として「疑北・南」関係が構築されます。同基金はアフリカだけを対象としたものではなく、世界のあらゆる途上国と地域に対してチャイナから繰り出される上下関係構築ツールであって（チャイナ自身がその思惑がないと主張しても、結果的にそうなるのは必至）、設立当初は二十億米ドルが注入されました。二〇一七年五月の「一帯一路国際協力サミット」では、習近平氏が同基金に十億米ドルの追加投入を表明しています。

例えば、二〇一五年九月に「国連持続可能な開発サミット」において、習近平氏が掲げた「六つの百」プロジェクト。チャイナのいつもの数字が大好き表現ですけども、ここでは、貧困低減プロジェクト、農業協力プロジェクト、貿易援助プロジェクト、生態保護・気候変動適応プロジェクト、病院と診療所、学校と職業訓練センターといった六領域で各百プロジェクトをサポートするという提案をしました。

　とりあえず数がすごいですね、六百本ノック。数にこだわるあまりに異常な数値目標の雰囲気を醸《かも》しています。

　そのうちの職業訓練プロジェクトでは、五年間にわたって途上国の五十万名に職業技術を訓練させるため、毎年十二万名をチャイナに職業訓練実習生として迎え、十五万人を奨学金対象とすることを約束していました。

　またWHOに対して二百万米ドルをキャッシュで直ちに拠出。サミットと同日に行われた「国連―チャイナ共催南南協力円卓会」では「六つの百」について、下位の担当者に任せることなく習近平氏自らが詳しく内容を語っており、本気を感じさせます。

友好人士を途上国にバラ撒くチャイナの狙い

　チャイナの途上国に対する対外開発投資の大義名分になる南南協力。もうひとつのチャイナが南南協力という概念を積極的に利用する理由は、対米牽制のカードとなるからです。「北（先進国）を代表する米国は、上から目線で途上国支援に入ってくるな」と暗黙的に米国排除の意思を示すことができるので、国連の場面だけでなく外交的な駆け引きとして

「南南」が頻繁に登場します。

チャイナの動機として「平和的な途上国支援ではない」ことは自然であって、見返りを求める魂胆があります。例えば、途上国で大量に職業技術訓練をさせるということは、相互人材交流が進みます。特に、チャイナから恩恵を受けて経済的自立を果たしたチャイナに友好的な有能人材を途上国にバラ撒くことになるので、チャイナとしては少ない投資で将来の見返りを得られるものになっています。

チャイナが技術的に先行する宇宙開発領域でも南南協力の概念が組み合わされます。アジア太平洋宇宙協力機構（APSCO）各国に、チャイナから衛星地上局が無償で提供されたりしています。

APSCO加盟国はチャイナ、バングラデシュ、イラン、モンゴル、パキスタン、ペルー、タイ、署名国はインドネシアとトルコといった途上国が中心の機構です。

チャイナとしてはフリーミアムみたいな収穫方法として将来的な顧客を獲得できますし、なにしろ軍事安全保障上価値のある各国の衛星地上局と、対地観測・災害管理・環境保護・通信といった衛星利用データを間接的にチャイナが傘下に収めることになります。チャイナ語としての「協力」という言葉のダーティーな奥深さを感じます。

「債務の罠」批判への対抗措置も

アフリカに対する南南協力の一例としては、古くは一九七〇年にチャイナと、アフリカのタンザニアとザンビアの三カ国が合意したタンザン鉄道があります。タンザニアとザンビアを結ぶ越境鉄道建設のために、チャイナ政府が無利息借款として約四億米ドル（九億八千八百万人民元）を貸し出し、百万トンの建設資材ならびに、のべ五・六万人の現場技術者を派遣したことで、初期のチャイナアフリカ友好プロジェクトとして位置づけられていました。

改革開放後は主にＥＰＣ契約（Engineering- Procurement- Construction　設計エンジニアリング、調達、建設を包括的に請け負う契約方式）にて、チャイナの技術やチャイナのインフラ規格をベースにしてチャイナ企業がアフリカに進出することになります。チャイナ規格が増えて、それがアフリカでの鉄道の標準になれば、アフリカ諸国はチャイナから他の規格へと安易にスイッチすることができなくなる、ホールドアップ問題のような状況が発生します。

二〇〇〇年代に入るとプロジェクトファイナンスの形式が多様化し、アフリカ現地政府にとって財務リスクの少ないＢＯＴ方式（Build-Operate-Transfer　一括事業請負後譲渡方式）が採用されるようになりました。

工事を請け負った企業がインフラ開発だけでなく、一定期間そのインフラを運営することで利潤をあげて資金回収し、その上で現地政府に引き渡すもの。現地政府の財政上の負担が軽減されます。言い換えれば、工事請負企業にとっても大きな事業リスクを抱えるので、チャイナのように政府の大きな後押しがあってこそ、ＢＯＴ方式で多方面にバカスカ展開ができるとも言えます。

もうひとつは現地政府と工事請負のチャイナ企業がＰＰＰ方式（Public-Private-Partnership）を活用する例。主にプロジェクト用の特別会社がセットアップされて、そこに出資を募り、資金の借り入れも集中させます。現地政府の財務負担は軽減されますし、ＢＯＴ方式のように工事請負企業が運営リスクを負うことはありません。映画やドラマの製作委員会方式のようなものですね。

こうした新しいファイナンススキームと、ＡＩＩＢやシルクロード基金、南南協力援助基金などを組み合わせて、チャイナのインフラ輸出、現地インフラ建設が進んでいくことになります。特に最近は現地政府の財務負担軽減を重視しているらしく、所謂「債務の罠」と国際社会から批判されることへの対抗措置を打ち出している様子です。

「ハンバントタ港は無理な借金のカタに押さえたのではない」!?

ところで、「債務の罠」問題も内包した形で、チャイナの一帯一路のインフラ投資に関して「悪評が絶えない」と言われます。少なくとも、日本のメディアにおいては、「チャイナの対外インフラ投資は、現地のスタッフを雇用せずにチャイナからスタッフを連れてきて雇用も増えない、現地政府が返済できればチャイナが大きく儲かるような仕組みで、借金漬けにして返済不能に陥れば、債権者としてインフラを奪取する。だからチャイナの対外インフラ投資はどの国も辟易している」という話が大量生産されています。

一方でチャイナ側も面白いことに（?）、これに対して再三の反論をしています。

例えば、米国ジョンズ・ホプキンズ大学およびハーバード大学の学者が、雑誌『アトランティック』上で、証拠をもって「チャイナの『債務の罠』は西側諸国政客の捏造である」と切り捨てた、ということを人民日報が報じています（二〇二一年二月二十五日海外版）。チャイナのプロパガンダメディアが、米国学者に語らせる体裁で、国際批判をかわす宣伝工作をしているという形式です。

同文章では、スリランカのハンバントタ港建設プロジェクトが例に挙げられています。同港湾建設は西側企業が初めにスリランカに投資・建設・港湾運営を申請したものの、不履行であったところ、チャイナ企業が公平な競争入札の上で開発権を獲得したと主張しています。

そしてこの入札は、そもそも一帯一路構想が提唱されるよりも六年も前であったので、一帯一路での債務問題であると結びつけるのは誤りである、という論でした。スリランカは確かに多額の債務に直面していましたが、それは日本や世銀が債権者であって、二〇一七年のハンバントタ港関連債務はスリランカ外債の五％にすぎず、同港湾建設プロジェクトは、決してスリランカの国家的金融問題の原因ではない、と学者は主張していると言います。

その後の事実関係としては、結果的に債務に苦しむスリランカ政府によって、二〇一七年八月に九十九年間の港湾運営権が十一億米ドルでチャイナ企業に貸し出される契約が締結されていますが、この事実は人民日報の同記事上では語られていません。ウソを騙《かた》ることとは紛れもないプロパガンダですが、多数の周辺ファクトを喧伝しつつ自己に都合の悪いファクトだけを語らないこともまた、プロパガンダです（重要）。

重要拠点は米中プロパガンダ戦の激戦地に

米中陣営双方が自分たちに都合の良いところを切り取って、これを針小棒大に喧伝する構造があります。プロパガンダ戦です。

ハンバントタ港といえば、一帯一路構想の「真珠の首飾り戦略（インド洋海路の海上交通路）」でも重要な拠点なので、チャイナ側も当然にインフラを押さえたい。一方、反チャイナ陣営にとっても表裏一体で、チャイナにとっての重要拠点を貶めるため、反中プロパガンダをする動機が働く対象地になるということでもあります。重要拠点であるということはプロパガンダ戦の応酬となる要素を持っています。

一帯一路インフラ投資先の広範なリサーチデータがないので、その言説の真偽は本書では深掘りしませんが、おそらく途上国は恒常的に債務に苦しんでいますし、インフラ建設を外資の力で進めたいという現地政府の意向があるのでしょう。そこをうまくつけ込んで産業経済で浸透し、あわよくば軍事的安全保障でも有利に進めようとするのがチャイナのやり口でしょう。

他方では、そうしたチャイナの魂胆と現地政府のドライな合意を知りながらも、法的にも経済的にもまっとうなスキームで対外投資を進めてきてしまっているチャイナ（手続き上の瑕疵《かし》の無いチャイナ）に対して、メタのレベルでのチャイナ牽制を目的として、「一帯一路＝債務の罠」という風説レッテルを、捏造であっても針小棒大な解釈であっても、積極的に流布する動機が米国を中心とした反チャイナの文脈としては多分にありそうです。チャイナ側が悪い、または反チャイナ側が紳士的でないといったレベルの話ではなく、大国の熾烈な競争関係とはそういうものでありましょう。プロパガンダ戦です。

情報機関が脆弱で、常々広報戦略が不得手な日本。プロパガンダ戦に慣れていません。我々としては、そうした途上国の状況および主に米中双方の利害関係を客観的に見据えながら、右なのか左なのかというよりも、独立した主権国家たる日本として、どのようにこれらの宣伝戦情報を扱って、対チャイナ牽制を念頭に置きながら自国の利益に導けるかを精緻に計算していきたいところです。

第六章

チャイナが夢想する「人類運命共同体構想」

「人類運命共同体」という紅い箱舟

さて、これまでチャイナの狙う「覇権」と、そのツールとしてのデジタル人民元、そして人民元決済を進めると同時に力の源泉としての経済発展のための商圏拡大、そしてリーダーとしての姿勢を示すための外交枠組みなどについて見てきました。中でも、前章で扱った国際社会と協調し連携する多国間連携は、平和・倫理的な意義というよりも外交政治力を勝ち取るツールとして、超大国化を目指すチャイナにとって必要な手段です。

どれほど経済力や軍事力が強くなろうとも、独りよがりでは国際社会で米国覇権を切り崩すことはできません。経済的な国際協調の上で、米国覇権を切り崩した上で、「共産主義改め、新しい民主主義」の盟主として君臨しようとしているわけです。この新しい民主主義云々のイデオロギー論についても、本書後半で言及します。

チャイナは、米ソ冷戦時代にあったイデオロギー対立「自由民主主義陣営vs.共産主義陣営」という対立構造ではなく、「既得権益構造によって硬直的かつ情報統制レベルに誤謬《ごびゅう》があって社会混乱を招く伝統的民主主義vs.適度な統制のもとでの秩序ある次世代民主主義」という新たなイデオロギー対立構造へと、ゲームルールを変更しようとしているのです。

そのために必要なステップが、経済的な仲間を増やすことを通じて、チャイナの体制を支持するところまでいかなくとも、少なくとも「反中」にならないような国家を増やしていくことである、とチャイナは考えます。経済的な結びつきを強め、多国間外交フレームを醸成することで、チャイナに対して「共産主義である！」と昔ながらのレッテル貼りをして対立を煽るような敵対的国家を減らしたいという策謀があるわけですね。

前章でも少し触れましたが、どの国も経済という首根っこを掴まれると、どうしようもないわけですが、今世紀に入ってチャイナの〝下から這い上がってきた木下藤吉郎的天下取りの野心〟がわかったときには、すでに世界の経済界と政治は、チャイナとの産業経済連携に歯止めがかからなくなっていた、ということです。

多国間の外交フレームは、チャイナにとって自然な経済的動機でもあります。それに加えてチャイナは国際社会の「正統性（レジティマシー）」を得るために必要なツールと見ている、と分析するとしっくりきます。経済力と外交力をともに獲得するツールです。ですからEPAやFTAなどよりコストがかかる多国間外交フレームに対しても十分に資源を投下して、着実に育てているという側面があります。

このような思惑からチャイナが国際社会に提示するものの中に、南南協力の文脈においても登場する「人類運命共同体」という、ちょっと日本語の語感としては薄気味悪い概念があります。特に日本語とチャイ語の差異はなく字面通りに言葉解釈してよいものです。習近平氏の演説や、その他の外交言葉として頻繁に登場するようになりました。

良く言えば「人種、言語、宗教など違ってもすべて人類皆兄弟なんだから、人道的にお互い助け合いましょう」が転じて「自国の利益だけでなく、他国の利益も合理的に尊重しましょう」といった相互扶助・他者尊重の概念でもあります。

が、別の角度から捉えれば「資本移動が自由な産業経済と科学技術のグローバル空間で、各地域が潜在的超大国であるチャイナと障害無き相互関係を築けば、チャイナ（党）が、暴力的な軍事手段を使わずとも、将来的にはソフトパワーと自由経済原理によって、自ずとチャイナが主導権を握ることができる」という長期投資の計算に基づいたステルス型シャープパワーの概念であると僕は分析します。

現在は大変便利になったもので、チャイナの大手プロパガンダメディアの記事が過去まで遡って単語検索できます。そこで「人類運命共同体」を検索すると、本格的に政治用語として頻繁に登場するようになったのは二〇一二年十一月からでした。これは習近平指導部が新たに選出された「十八大（中国共産党第十八回全国代表大会）」が開かれたタイミングであって、この「十八大」の「報告（チャイナ最高権威である党の公式発表です）」をもって、「人類運命共同体」という言葉が突然登場し、一気に政治用語化しました。

中新社記事で検索した限りでは、ジャカルタ（インドネシア）のチャイ語新聞である『国際日報』が、初めて党用語としての「人類運命共同体」を外交シーンで使用しています（二〇一二年十一月十二日）。当時の記事では次のように紹介されています。

「……中国は世界の政治経済の舞台でパワーを増してきており、特に直近十年では、世界経済が平均で三・九％成長に過ぎない中、中国経済は一〇・七％の高速成長に達し、（中略）十八大で初めて提唱された『人類運命共同体』は中国が国際社会に立脚していることを表現している。中国の、平等な世界たる美しいビジョンと大国としての責任感を打ち立てるものである。（中略）資本の移動や、物質の取引だけでは、『人類運命共同体』の帰属意識を形成することはできない。文明的対話と心理的な交流もまた帰属意識を形成する不可欠な要素である。……」云々

チャイナの息がかかっているメディアとはいえ、新しいキーワード概念がつくられるや否や、すぐにチャイナ外での宣伝工作が始まっていたのでした。

人類運命共同体という希望、いや長期的な野心は、習近平指導部発足とともに生まれた

ものであって、習近平氏が好んで多用するのも理解できます。

チャイナが内向きに識者の間で意識高い議論をする場合には、情緒的すぎる人類運命共同体という外交宣伝言葉とは別に「グローバルガバナンス」なんていう冷めた言い方をすることもあります。グローバルガバナンス観というトップレベルの抽象的な外交政策カテゴリーがありまして、その中のひとつの概念として途上国支援に利用しやすい言葉が「人類運命共同体」という位置づけです。一帯一路は、グローバルガバナンス観の実践だと言われています。

「共産主義」「社会主義」のマイナスイメージを払拭したい

米中対立の文脈では、人類運命共同体といった微笑ましい（?）友好的言説よりも、グローバルガバナンス尊重派か否か、という対立化・争点化の言説になります。グローバルガバナンスを、日本語で解釈して表現すると、国際的な政治経済を網羅する統治と均衡メカニズム、といったほうがわかりやすいでしょうか。いわば国際社会で広く受容されるようになったイデオロギーのことですね。

では、なぜチャイナが国際的に認知されたイデオロギー（民主主義や社会主義など）という言葉を使わずに、グローバルガバナンスと表現するのかといえば、米ソ冷戦を経てマイナスのイメージが強い「社会主義・共産主義」といったイデオロギー対立の宣伝戦に引っ張られたくないからでしょう。本質的には、グローバルガバナンスという概念と、合意形成された○○主義イデオロギーといった概念の間にそれほどの差異を感じません。

チャイナの主張に沿えば、全地球的な概念であるグローバルガバナンスは必然的に多国間協調を「是」とするものです。それでコレに対立する悪しき軸が一国主義というわけです。一国主義は米トランプ政権時に「強いアメリカ」を錦の御旗に進められていたので、チャイナはこの論点で攻めていた、というのは本書前段で書いた通りです。グローバルガバナンス、多国間協調を推進発展させるのがチャイナであって、一国主義で独りよがりなことをやっているのが米国である、というチャイナのレッテル貼りと宣伝戦でした。

米国の自由民主主義vs.チャイナの強権社会主義という旧来のイデオロギー対立ゲームではなく、真のグローバルガバナンスを排斥し、守旧権益ばかりを重視する米国（+少数で固まって世界を牛耳ろうとするG7等の先進諸国）vs.真の多国間協調とグローバルガバナンスをアップグレードしていくチャイナ、という二極対立構図に持ち込みたいチャイナの強い宣伝意思があるわけです。

トランプからバイデンへ、チャイナの戦略も変化している

チャイナ側は、「トランプ政権時代の米国は、グローバルガバナンスを『割に合わないもの』と考えていた」と批判しています。国連教育科学文化機関（UNESCO）などの国際組織からの脱退、TPP、パリ協定（気候変動）、イラン核合意からの離脱、国連パレスチナ難民救済事業機関（UNRWA）に対する大幅な支援削減、中距離核戦力（INF）全廃条約からの離脱、保有核弾頭数を再度非公開にするなど、トランプ政権時の多角的協力システムからの「脱退・退会」例を糾弾してきました。

トランプ政権はチャイナにハードなパンチを与えていたイメージが強い読者も多いかもしれませんが、そのパンチの裏ではチャイナから反撃を受ける材料も多かったと言えます。チャイナ側は、グローバルガバナンスの機能を著しく減退させる米国はけしからん！　というわかりやすい宣伝ロジックで攻め込んでいました。

それはチャイナのプロパガンダでもありましたが、実際に米トランプ政権が多国間協調に資源を投下しなかったことで、チャイナを国際的に伸長させてしまったことも事実です。

バイデン政権になってからは、米国が多国間協調を重視するようになったので、トラン

プ政権時とは対米対峙戦略を変更し、現在はG２構造（米中超大国による世界覇権の分割的統治）の提案と、バイデン政権期間と見なされる数年間は相対的に外交資源を低減させて内政資源（内需経済・内循環を主体とした双循環）を増強する方向に舵を切っています。

米国側のプレイヤーが交代し、米中両国はいぶし銀の外交戦闘ゲームに回帰しましたが、米民主党バイデン政権の総花的優柔不断さに不安は残ります。日本としては、両国の動きをきめ細かく観察し行動する必要があります。とりわけ、バイデン政権が展開するであろう自由と民主主義の価値観をともにするいくつかの外交フレームの深化・進展については分析精度を高くする必要があります。ここに日本が参画し続けることは既定路線でありますし、参加各国の中でチャイナと接するアジアの地域大国として日本は重要な役割があるでしょう。日本のこれからのムーブについての提言は次章で述べます。

「チャイナの民主主義も存在する」と大真面目に主張

短期で変化する米国政権に依拠しない、チャイナ側が提唱する大局的イデオロギー対立の話をもう少し補足しておきます。米中マネー覇権対立を記す本書ですが、その上位にあたる戦略概念を認識することは非常に重要です。

チャイナは、そもそも自由民主主義と社会主義といったイデオロギー対立こそが西洋的であると批判する傾向があります。

例えば、直近では二〇二一年三月十八日の米中外交トップ会談。米国の国務長官のブリンケン氏と大統領補佐官のサリバン氏、チャイナの党中央政治局委員の楊潔篪《ヤンジエチー》氏と国務委員の王毅氏が、米アラスカ州アンカレッジで激しく舌戦を繰り広げたものです。

チャイナ側としては米国とタイマンで論戦を繰り広げられるチャイナという「G2」を国際社会に向けてプロパガンダできたので、会談が各国で報じられるというメディアジャックだけでも大成功だったと言えるでしょう。会談内容そのものは子供の喧嘩みたいなもので、爆笑してしまいました。

その場で楊潔篪氏は、「米国の民主主義が存在すれば、チャイナの民主主義も存在する」と発言しています。チャイナ式民主主義というものを真面目に考えているのです。これは、我々としては顔をしかめるような狂人ロジックですが、彼ら（チャイナの意思決定層）がそう考えているのだ、または少なくともそのように宣伝したいのだ、ということを知っておくことは重要です。

チャイナの対米批判ロジックでは、前世紀の冷戦終結後に米国を中心とした先進国で合意形成されてきた「ワシントン・コンセンサス」の自由主義思想は、覇権主義であったと言います。ワシントン・コンセンサスは自由な市場メカニズムを重視し小さな政府として規制を緩和する思想です。チャイナは、これが新しい時代の開かれたグローバルガバナンスにとっての敵であり守旧派であると決めつけます。

全国政治協商会議常務委員・党中央外事弁公室常務委員会副主任の裘援平《チューユエンピン》氏が二〇一九年六月の中国新聞週刊誌上のインタビューで以下のように主張しています。

「ワシントン・コンセンサスは、少数の国による強権政治を特徴とし、独占資本とそのメカニズムを世界に拡散することで、西側諸国が『支配』する国際政治、世界経済、安全保障秩序を土台から支えようとするものである。

しかも、これが長きにわたって多くの国々や重要な国際組織の思考パターン、政策の方向性になってきた。しかし、近年、欧米諸国ではポピュリズムの台頭が目立つ。これは極端な民族主義と行きすぎた現実主義が結びついたものであり、国家中心主義と自国利益第一主義を崇め奉るものだ。グローバル化をその初志から否定する強烈な反動と言える」

ワシントン・コンセンサスそのものが帝国主義的な悪であった、と強い批判をしているわけです。世界はワシントン・コンセンサスの下で支配と運営をされてきたが、行き詰まってきている、と。現在はその思想が崩壊しかかっている状態であって、米国を中心とした先進国およびその影響を受けた世界全体は、新しく依拠する思想を持つことができていない、と理論展開しています。

「二〇〇八年の金融危機で西側モデルとワシントン・コンセンサスは信用性を失い、三大国際関係理論（リアリズム、リベラリズム、コンストラクティビズム）は国際情勢の変化を前にして面目を喪失した」

そして、このグローバルレベルの思想流浪に対する、新しい処方箋こそが、チャイナの提唱する人類運命共同体という新たなグローバルガバナンスである、という以下のブッ飛び論をかまします。論理が飛躍しすぎです。

「はたしてどのような制度モデル、どのような国際関係、どのようなガバナンス体制がグローバル化時代によりふさわしいのか、各国の政治家、学者たちは反省を込めて模索した。現在、成果も出始めている。『人類運命共同体の構築』を提起した習近平主席は、『グローバル社会の創建』『グローバル国際関係学の創出』『グローバルコモンズ管理』などのグローバルガバナンス理念を相次いで打ち出している。

中国のグローバルガバナンス理念の核心には『共商・共建・共享』の堅持がある。『共商』は相互尊重を重視し、多方面にわたる利益と関心に配慮しながら対話と協力によってものごとを解決していく考え方だ。『共建』は各国の共同参加でガバナンスシステムの柔軟性を追求していくという意味だ。そして、『共享』は各国が平等に発展し利益を得るという意味になる」

後世から改めて評価すれば、ひょっとしたら習近平氏の主張はブッ飛んでないのかもしれませんが（未来のことは検証できません）、少なくとも現代日本人の我々から見れば、チャイナが独自に有利で粗暴な押し付けの思想のように聞こえます。

仮に、ポスト・トゥルースなどによって民主主義的価値が後退し、ワシントン・コンセンサスにおける世界的な価値観が手詰まりになってきたとしても、それに代替する新しい価値観が、チャイナが提唱するグローバルガバナンス観であるか否かは、大いに議論の余地があります。僕が考えるところでは、チャイナが提唱する異なる二国間での「共」というのは欺瞞であります。特に大国と小国の二国間には主従関係が生まれやすいものです。チャイナの騙る「人類運命共同体」と「共商・共建・共享」というのは、超大国のチャイナが「主」になった世界です。

もちろん、そもそもチャイナ＝「主」であることを是認し受容するという国家や人であれば、その人類運命共同体概念は納得感のある新しい概念である、というロジックは成立するわけですが、チャイナと別の主権国家の並列的な関係性を少なくとも表面的には主張している「共商・共建・共享」とは欺瞞であろうと思います。当時のソ連を中心とした「共産」ロジックのすり替えでしょう。

ワシントン・コンセンサスに替わるチャイナ発のグローバルガバナンス、「共商・共建・共享」。それは冷静な国家間組織力学を鑑みれば、世界覇権を狙う思想・ビジョンそのものです。その中にはマネー覇権、すなわち人民元基軸通貨化も大きな武器として入ってきます。そして、基軸通貨化の手段のひとつとしてデジタル人民元やＣＩＰＳなどが位置づけられます。ビジョン、大戦略、各領域・各級戦略、そして戦術・手段といった階層を区分し、ロジックを積み立てるチャイナの動きを見極めることが重要です。

我々が、チャイナの小手先の戦術や手段だけに注目してしまうと、彼ら特有の「見切り発車」状態が散見されますので、侮ってしまうことになります。

将来的に、チャイナが大きく戦略レベルでズッコケるならそれはそれで対応すればよいのですが、こちらが侮るばかりにチャイナの大戦略を察知できなかったり、実体よりも低く評価してしまうことは、我が国の対応不足に繋がるため、大変危険です。

終章

日本はこのゲームをどう戦うか

「備えあれば患いなし」、チャイナの動きを精緻に分析せよ

人民元の国際通貨化そして基軸通貨化への野望。本書を通じて、デジタル人民元をはじめとする各マネー政策と、それを強化する商業貿易圏、外交フレームの構築など、表面的には個別に動いているように見えるものの背景に、実は統合された戦略があるというロジックでご紹介してきました。

正直言って、これらの政策がうまくいくのか、今をもってしても僕は確信を持てません。しかし、間違いなく言えることは「備えあれば患いなし」。チャイナが大きくズッコケても、または大きく成長しても、我が国はその状況に合わせて、主権を守りながら繁栄していかなければなりません。

そのためには、チャイナの動きを精緻に分析する必要があるのです。

また、チャイナにとって短期での失敗は、長期での失敗と等しくありません。短期での失敗を長期成功に活かす。あくまでも米中覇権対立を五十年、百年のロングスパンで捉えるチャイナ。「闘いません、勝つまでは」を最上位の戦略とした行動をとります。

「闘いません、勝つまでは」とは僕の造語ですが、チャイナの方針は政治、統治機構、経

済、文化、マネー、サイバー、学術ひいては言語といった各領域において圧倒的に米国のパワーを上回ることがしばらく続いたときに、米国と真正面から対峙する。それによって最小限の労力で米国を屈服させるというものです。

例えば、この視点で捉えれば、米国からの半導体輸入規制を受けた事象についても、確かに中期十年前後の期間のチャイナハイテク産業の低迷がありますが、一方では長期的な半導体研究開発では米国からの首根っこを押さえられない自国半導体製造という隙のない経済安全保障を確保しますので、戦略的なマイナスにはなりません。相対的に巨大な国内市場を持ち、時間を味方にするチャイナを攻めるのは容易ではないのです。

何度も申しますが、これをもってチャイナが大成長することを確信しているわけではありません。我々日本国は、チャイナでもなければ、チャイナのチャレンジを受ける米国でもありませんので、自由と民主主義という価値観を我が国にあわせて尊重しながら、チャイナが覇権国家になる可能性を常に意識して「備えておく」ことが何よりも重要です。防災です。

本書では、チャイナのマネー覇権とその具体策としてのデジタル人民元を中心に考察してきましたが、デジタル人民元や、その上次元にあるマネー覇権などの各概念にスポット

【図10】

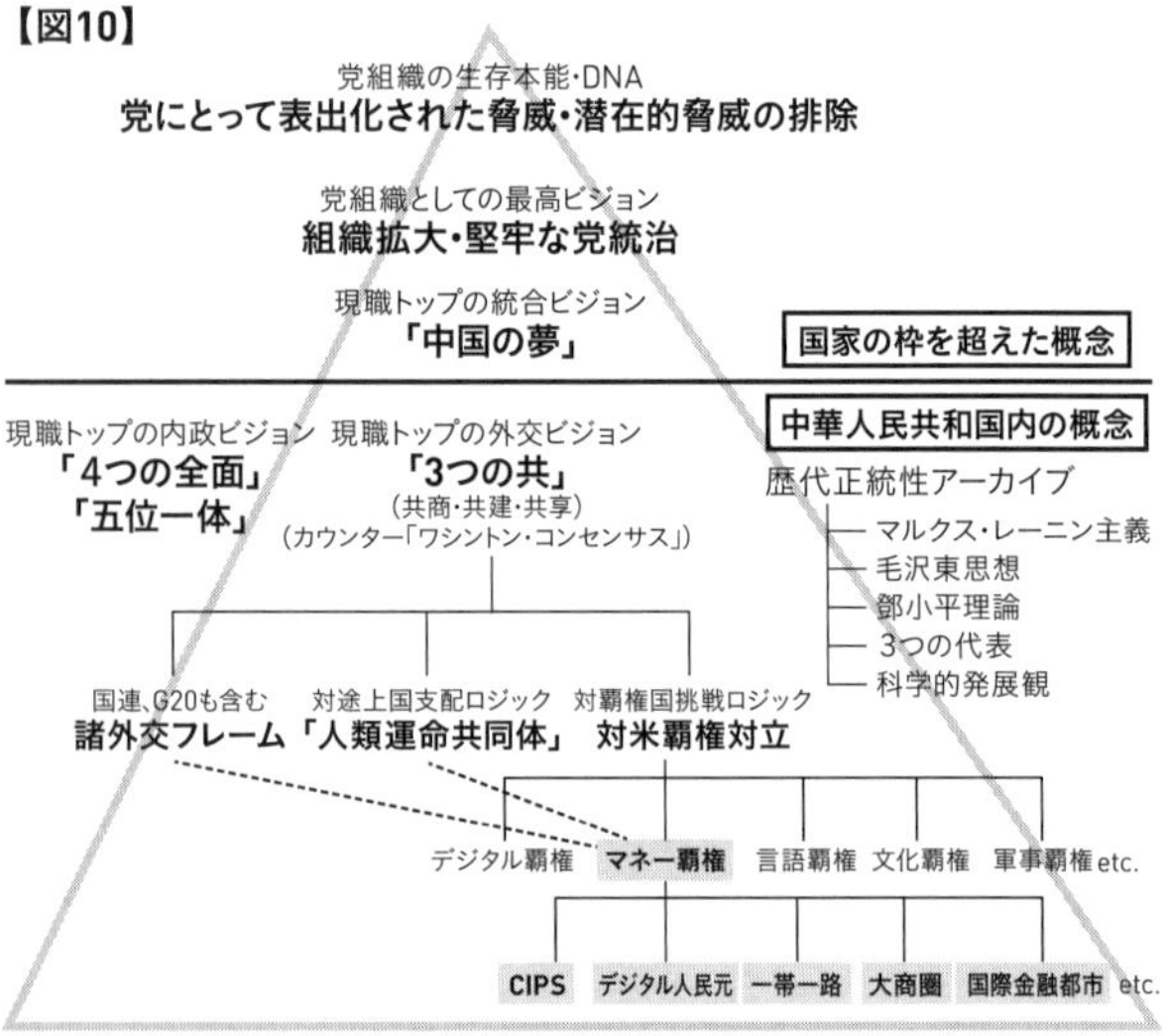

ライトをあてて本書のロジックを組み立てていますので、ここで改めて概念の上下構造を示しておきます【図10】。

本書で用いた思想や手段以外は全部省略してあります。一帯一路などは、軍事覇権、経済覇権にも関わってきますが、マネー覇権以外の実線は省略しています。

カギカッコ内のフレーズはチャイナが公式に用いるものです。それ以外は僕の味付けがなされた「中川式フレーズ」なので、適当に把握してもらえればよいと思います。

チャイナを研究されている学識者が見たら、型にハマっていない無用なゴミ図でありまして、お叱りを受けそうであります。本書で概念整理をする目的で、あくまでも僕の脳内中共エミュレーションをアウトプットしたものですので、その点はご了承ください。

党の抱える中華爆弾

さて、本書はチャイナがウマいことやり抜けて、世界覇権を手に入れる可能性を主に示しました。しかし当然のことながら、チャイナの現体制が統治に失敗し、権力機構が変化する「可能性」は十分にあります。本書の主眼ではないので割愛しましたが、いくつか重要なチャイナの「痛点」を挙げます。これらは国際社会で外交案件となっている「人権弾圧問題」などよりも、国内統治に直接関わる内政上課題なので、党統治を揺るがすマグニチュードは遥かに大きいものです。

例えば、チャイナの多くの地方政府の財政は大幅な赤字続きで土地転がしに頼っている現状があります。土地使用権譲渡益などの「地方政府性基金予算本級収入」の増加を抑え、産業発展による適正な税収増に結びつけなければ早晩、地方政府が同時多発的に財政破綻します。

低生産性事業を抱え、政治権力を無駄に持ってしまっている巨大国有企業の問題も根深いです。適切な市場を阻害し民間企業の事業活動を圧迫するだけでなく、多額の連鎖的債務不履行（デフォルト）の可能性もありますので、チャイナの爆弾のひとつでしょう。二〇二〇年末までに数兆円規模で債務不履行が発生しています。外債（外貨建て社債）の不履行も発生しているので、チャイナ外投資家の信用低下に繋がっています。それじゃぁ、国家資本主義としてチャイナ当局が巨大な国有企業を救済するかというと、どうも昨今は「膿《うみ》を出す」ということで市場原理に基づいて不採算の国有企業は淘汰されるべきという主張も目立ちます。爆弾です。

基金（五つの保険＋住宅公積金）制度も、習近平指導部発足以前から収支バランスの不健全さが長年議論されているものの、根本解決に至らず制度破綻の危険を抱えます。往々にして、これらの財政問題はチャイナ特有のものではなく、我が国も含めて長年の課題でもあったりします。ただし、チャイナの爆弾は規模がデカイ。

本書は、このようないくつかの中華爆弾を無視しているわけではく、これらの爆弾を抱えつつも前進するチャイナの動態を示したものです。チャイナ体制側も当然に問題を認識しています。

我々のあり方は、これらの爆弾に依拠した「中国崩壊論」ではなく、より上位のメタな分析が重要だ、というのが本書の論拠です。崩壊論は楽観的すぎるだろうという見方です。対峙する相手を侮って良いことはひとつもありません。最上位の戦略ではない相手の弱みだけを見続けることは、溜飲を下げて安心感を得る効能しかありません。

共産党が最も嫌がる「不確実性」

本書の「おまけ」として、仮想通貨に対するチャイナの姿勢についても触れておきたいと思います。

党が最も嫌がるのは「不確実性」と「自らが支配できないこと」です。先ほどの【図10】の最上位に書いたものです。党がコントロールできない事象をすべて潜在的脅威と見なします。それは物理的なものであれ、思想であれ、他国勢力であれ同様で、そのため党は宗教などへの警戒心も高いのです。

その点からマネーについて考えますと、他国が発行している法定通貨はルールに従って存在しているだけでしたから、チャイナにとっては米ドルでさえ最大級の脅威ではありませんでした。米ドル体制は、より下位の対米覇権対立上の脅威にすぎないという位置づけです。

各国家の信用力を担保にした法定通貨に対しては、チャイナにとっては様々な既存の対応手段がありました。

一方で、仮想通貨（ステーブルコイン含む）は、チャイナ以外の国々の規制をすり抜けて強大化し、チャイナにも侵入され国内汚染される可能性が出てきました。仮想通貨が肥大化すれば党にとって最大級レベルの脅威になりかねません。チャイナはその混沌を嫌うので、徐々に締め付けて野良仮想通貨を叩いていきました。

将来的には、今後チャイナのルールに従った仮想通貨になっていけば、その態度は一転し、暗号投資性資産としてチャイナ当局が推奨することさえあります。例えばBSN上の規制を加えた仮想通貨になるなどです。今は、野良仮想通貨はパージすべし、という当局の姿勢です。

「長城」で流入を防ぐのは情報だけではない

現在の野良仮想通貨がチャイナに侵入することをブロックする手法は、具体的にはチャイナ国内で規制を強めると同時に、内と外の間に壁をつくります。チャイナが過去にこの方法でうまくやってきた例は「イデオロギー」に対してです。

自由や民主という思想について壁をつくって排除しながら、市場経済という要素だけは吸収しました。ネット（デジタル）産業についても、米国の大手企業が入ってこないように壁（グレートファイアウォール）をつくって、国内ＩＣＴ・ネット企業を育てることにしました。結果的にはこれらがうまく機能しました。

今回は野良仮想通貨をブロックしました。壁をつくっておきながら、ブロックチェーン技術だけは吸い取るというやり方もこれまでのチャイナの手法を踏襲しているように映ります。

チャイナにとって混沌がもたらされる何かが発生したときには、まずは壁をつくります。長城ルールとでも呼びましょうか。そして国内に適用できるエッセンスだけを吸収します。これはパターン化したものですし、チャイナにとっては成功体験も多いので、今後も同じような手段を使うと思われます。宗教対策が今後どうなるのかは未知数ですが、少なくとも「仮想通貨」に関しては「壁」と「エッセンス吸収」を行っていることはこれまで見てきた通りです。

米中を超える一億二千万人のハイパフォーマンスを狙え！

こうした「世界的規模の野望」を抱き、戦略化して着々と進めつつあるチャイナに、我が日本はどう立ち向かえばいいのでしょうか。

超大国に対して、我が国が総合力で競争優位に立つ必要はありません。日本人が超大国の住人よりも豊かな暮らしをするためには、超大国よりも高効率であるべきという一点のみであって、相対総合力は矮小化して把握してよいパラメータでしょう。仮に、単純経済指標で、十の人口で十五の利益を上げれば、百の人口で百二十の利益を上げるよりもハイパフォーマンスです。十五と百二十を比較する必要はない、ということです。

チャイナが真の超大国になるという可能性の下で、そのシナリオを前提とすれば、我々はチャイナに対して総花的な勝利を狙わないわけですから、戦略的に競争劣位になる領域があっても構いません。

むしろ資源分配最適化のためには、我々の相対的な競争優位領域を創るために、競争劣位の部分も積極的につくっていく必要さえあるでしょう。

チャイナを、永遠の途上国、「中所得国の罠」、独裁で民間介入するので発展不能な国家、などと侮っている暇はなく、潜在的な超大国、下手をすると覇権国家になると認識する必要があります。その上で日本は、どの領域で局所的に競争優位に立てるかを計算した上で、協調と敵対のメリハリをつけて対峙しなければなりません。

米国を中心にチャイナを叩くことでチャイナが崩壊するという想定は、正常性バイアスの希望的観測にすぎず、我が国の将来シナリオを策定するにあたってノイズでしかありません。

チャイナは今後ますます強くなる、という真剣に危機感を持った前提で、我が国は地域大国として、チャイナや米国を超える単位あたりハイパフォーマンスを冷徹に狙うべきでしょう。

彼らは超大国であって、あらゆる資源を豊富に持ちますが、兵站《へいたん》が伸び切って肥大化した状態を維持しなければならない弱みを持っていますので、我々地域大国にパフォーマンス上の優位性が生じます。

日本に今こそ必要な五つの方策

具体的に我が国がハイパフォーマンスを獲得するためのいくつかの方策を簡単に考えま

す。他所《よそ》でも常に僕が語っているところですが、本書でも改めて示しておきたいと思います。

1. 国レベル：長期的な米中覇権対立の波の中で、我が国が最も警戒すべきことは米中双方の世論戦・プロパガンダ工作です。何れかの陣営または発信元不明の宣伝に安易に乗らないこと。チャイナに関するダミー情報を分析に入れてしまうことは発信者の思うつぼです。誤解なきよう付記しますが、言うまでもなく、日本は自由と民主主義という共通の価値観を有する米国等と協調して、統治に対する価値観の異なるチャイナを牽制することは適正で尊重されるべきです。しかし一方で、そのことによって「米国がプロパガンダ情報を発信しない正義の国だ」と認識するのは誤りであるということです。「反中」言論でさえ、「チャイナ侮り論」を日本に浸透させたいがために実はチャイナ側が発信している可能性さえあります。我が国独自の情報分析力や防諜などインテリジェンスのパワーが必要です。国家の「頭脳」が欠如している状態は危険です。これが最も重要です。

2. 国レベル：我が国の立場を明確にし、ひいては世界の世論を味方につける手段として広報発信力を持つことが必要です。広報発信力を持つことで、他国のプロパガンダに対して、それを否定するなどのカウンタープロパガンダの手段としても活用できます。

3. 国レベル：日米同盟やＱｕａｄ（日米豪印）などの米国を中心とした枠組みが重要であることに疑問の余地はありませんが、それよりもチャイナへの牽制材料として高効率であるのは我が国が欧州やＡＳＥＡＮ諸国、アフリカ諸国と連携することです。

チャイナにとっての長期的ライバルである米国よりも、チャイナの「友人たち」との連携こそ、チャイナ牽制になります。

4. 個別企業レベル：米中覇権対立の激化によって、突如として世界各国の市場内に空白ができることになるかもしれません。特にサイバー覇権やマネー覇権での米中対立は、最も混沌と機会を生み出す領域のひとつになります。流動性が高まります。

個別の日本企業としては、両超大国のどこと協業し、どこの国（第三国も含めて）で新しい事業セグメントに参入するかを虎視眈々と準備しておくことは悪い手ではありりません。

チャイナチャネルでは一帯一路沿線国家での事業展開ができるかもしれないし、米国チャネルでは米国市場においてチャイナ資本が押さえていた事業領域が空白になるかもしれません、これは日本企業にとってはチャンスです。

5．思想：我々はチャイナの体制上の危険性を認識し、その統治・支配体制思想が我が国に及ばないように引き続き防御しながら、「敵（中共）の崩壊・殲滅」を狙う戦略思想を脱却する必要があります。

チャイナ現体制が崩壊することは望めないだろう、という想定に転換することは我々の大きな決断です。中共が内部崩壊することを想像していた方には勇気が必要かもしれません。チャイナ現体制が生存し続ける蓋然性が高くなったのであれば、対峙する我々の出口戦略が変わってくるというわけです。

これはチャイナと盲目的に友好的になろうという話ではありません。我が国が米国との温かい信頼関係を維持することも非常に重要です。

「中国包囲網」というのは、最終的にチャイナが白旗上げて我々が勝つことを前提にした議論であって、我々の警戒心を下げるだけですので、そろそろやめたほうがいいでしょう。チャイナが包囲され窮している傾向なんて砂上の楼閣だと認識し、こちらがそんな甘い意識で闘える相手じゃないと認識すべきです。これは経済協調重視か安全保障重視か、どちらをとるのか、といったトレードオフの概念から脱却することに繋がります。

GDP世界第二位のチャイナの動きを世界第三位の我々がRCEPのような同一プラットフォーム内にいることで牽制できることを真剣に考えるフェーズです。チャイナの枠組みに入ったらチャイナに飲み込まれる、といった論もあると思いますが、我々が入り込まないで膨張するチャイナの枠組みよりも、我々が牽制できる枠組みのほうがマシであるし、我々にとっても経済的な美味しい果実になる可能性はあります。

例えば、チャイナのデジタル人民元やBSNなどの研究開発の枠組みに部分的参加を検討すること（社会実装するかの議論は別）や、または日本のプラットフォームにチャイナを参画させることです。飲み込まれてしまうから参加しない、などというのはリスクの先延ばしにすぎません。

リスクを最小化するためには、対峙するチャイナの懐に潜り込む必要もあります。そして、それは超大国米国にはできませんが、我々には可能性があります。

過去の「チャイナ崩壊論」「中国包囲網」思想と決別するのは大きな決断ですが、「弱いチャイナ」の時代から、すでにフェーズが変わってしまったと分析した上での、戦略的代替案です。チャイナの民主集中制を主軸とした現体制を警戒するからこそ、我々には新しい出口戦略が必要です。

チャイナという「厄介な存在」に対峙するシナリオづくりを

これら五点がすべてではありませんが、本書に関連したこととして列挙しました。

本書を通じて語ってきたマネー領域やサイバー領域（通信技術等だけでなく広義で自動運転車技術なども含みます）は、目に見えない戦略的仕掛けと技術イノベーションで、先ほど挙げたような「中華爆弾」である国内財政問題を緩和し国際パワーバランスを突然変化させるほどのスピード感とマグニチュードがあります。次世代のマネーとサイバーのパワーは、チャイナの抱えるこれらの爆弾を「陳腐化・無意味化」させてしまうほどのものです。デジタル人民元等のマネー領域やサイバー領域へのチャイナの資源投下を軽視して我が国がこれまでと同様の対チャイナ対峙戦略（付き合い方）を踏襲し、数年でもノロノロと待ってしまえば、我が国の国力は相対的に著しく低下することもあるでしょう。

それは我が国が大きな損失を被るといったことではなく、チャイナ（＋チャイナと協調した国々）の成長・発展が十分にあり得るという相対性の意味においてです。

我が国は世界でもまだまだ経済力のある、強く自主独立した主権国家であります。チャイナという「厄介な存在」に対して、彼らの成長フェーズに応じた複数の対峙シナリオを持っておくべきでしょう。二十年前の対峙戦略は通用しません。時にはチャイナと手を組むことで得られる我が国の経済力をもって、チャイナに対する防衛力を高める箇所に予算を投下するといった、アクロバティックなゲームプレイを模索しましょう。

行政のサイバーセキュリティを強化せよ

その点で今後、最も重要になるのがサイバー領域における「情報」です。我が国は短期で政治的成果を上げる動機にかられるために、リスク評価が軽視され、メリットのみに着目したデジタル行政改革が提唱されては、実施後に問題発生ということを繰り返してきました。一歩前進すると、セキュリティー問題がいつも浮上して数歩後退してしまいます。国民からの信頼感も無くなってしまう。こういうところは防諜意識の高いチャイナ式の図太い周到さを模倣したほうがいいのかもしれません。例えばチャイナの「性悪説」に立った「暗号法」の制定です。また、ホワイトハッカーを行政でスカウトして恒常的に行政デジタルサービスをハッキングさせることでシステムの脆弱性を発見し堅牢性を高めるというやり方もあります。

過去にも日本の歴代政権発足時に、高い内閣支持率を背景にした有権者ウケの良い「強い政治力」の名の下でのセキュリティーガバガバな行政デジタル化推進が数多ありました。そしてその度に頓挫しています。行政のみならず産業振興にも関わるデジタル化を着実に進めるためにも全方面を意識したデジタル化施策を期待したいところです。サイバー領域のパワーは明確に国力に繋がるようになりましたから、本腰を入れないとまずいことになります。

「新しい赤化」の波に備える

本書の最後に、習近平総書記が二〇二〇年四月、党中央財経委員会第七回会議で語った講話の一部を抜粋します。

「我々は、この方向（デジタル化）を継続しデジタル経済、デジタル社会、デジタル政府を建設して、各領域のデジタル化をアップグレードしていく。積極的にデジタル通貨、デジタル税等の国際規則を制定し、新しい競争優位を構築していく」（本講話は、党の機関誌『求是』に同年十一月一日、改めて講話全文が掲載）。

チャイナが独りよがりで動くのではなく、あくまでも多国間主義に基づき国際規則という世界のルール・標準化を通じてサイバー覇権、マネー覇権を狙っていることがわかります。

特に本書ではフォーカスしていませんが、デジタル政府、デジタル税制などの統治機構までもを含む世界的なスタンダードを、チャイナ式で規定していくという野心。言い換えれば新しい国際共産主義運動のようにも聞こえます。流動的資本をベースにしたグローバル経済や、国家主権が持ち込まれたサイバー空間の力によって、世界のパワーバランスが規定されるようになった現代の「新しい赤化」の波でもあるでしょう。

相手にとって不足なし。我々はマルっと敵対か友好か、親中か反中か、といった苔の生えた二分法をやっている暇はありません。領域ごとに精緻な引力と斥力を働かせてゲームを有利に運びましょう。

浮かび上がらせたのは「デジタル人民元のシルエット」

中共、チャイナ、マネー覇権の野望、いかがでしたでしょうか？　「あとがき」まで読んでいただいた皆さんには正直お伝えしてしまいますけども、デジタル人民元というテーマで本を書き上げるというのは無謀なものでありました。なにせまだ仕様が決まっていないシステムを書くということですから、新しいスマートフォン機種が発売される前にその機種レビューを書いたり、新しい楽曲がリリースされる前にその曲の感想を述べたりするようなものです。今でさえ「やっぱり技術的に難しいから、デジタル人民元やめちゃいます！」っていうドッキリの可能性だって残ってるもんですから。

かといって、チャイナのデジタル人民元が本格的に社会実装されてしまったら、事後的に「日本に大きな波がくるぞ〜〜！」と政治的な警鐘を鳴らしても、時すでに遅しかもしれないわけです。警鐘を鳴らすならば早いほうがいい。というわけで現時点でのデジタル人民元構想について、不明な点が多いシステム要件は簡単に触れるにとどめて、その周辺事象に徹底的に光をあてることで、デジタル人民元のシルエットを浮かび上がらせるという手法で書き上げてみました。

例えば、あとがき部分だけを書いている二〇二一年六月現時点でも、チャイナ国内で新しい実証実験が上海や北京で始まったり、本文で言及しましたBISのイノベーションハブに協力する形で、フランスとスイスの中央銀行がデジタル法定通貨の実証実験を行うというリリースがありました（六月十日のフランス銀行プレスリリース）。本書では、情報がすぐに陳腐化しないように、ある程度の年数蓄積のある議論を中心に進めましたが、執筆中にめまぐるしく新情報が入るので、どこまで本文に盛り込むのか悩むところが多かったです。

日本にもあらゆる領域で影響を与える、将来の大きな波となり得るデジタル人民元構想の輪郭を、多少は皆さんにお伝えできたのではないかな、と思っています。未知のことだからこそ現時点までの情報をまとめた防災知識と防災意識が大事です。

具体的な論理テクニックとしては、僕が常に分析で利用し常時アップデートしまして、「紅い方程式（チャイナの長期戦略・中共のDNA）」と呼んでいる北京中央エミュレーションソフトパッケージを使いました。それは僕が活字媒体やYouTubeアーカイブで発信しアウトプットしているものです。このチャイナの戦略を、いくつかの戦略―戦術レイヤーとして分割し、「デジタル人民元」という概念のポジションを配置しました。これは本書最終章の【図10】でラフスケッチとして表現したものです。

ネットワーク技術やプログラミング・システム専門の方、マクロ経済・金融専門の方とは異なって、僕の場合は戦略論と政治的な切り口でデジタル人民元というものを扱いました。自称「マッドサイエンティスト」の僕ですから、少し狂ったオタクフレーバーが香る文体になっていることはご容赦ください。

紅くもなく、黒くもないチャイナ情報を

僕のことを初めて知る皆さんに少しだけ自己紹介しますと、僕は日本で大学を出てイギリス放蕩遊学した後にチャイナの都市部に約十年間も住んでいたことになるのですけれども、大学院、ジム、スーパーに外出するのが日常ルーチンで、たまに美味しいレストランに行ったりするだけの生活でありまして、ただただチャイナ現地に平凡に住んでいたというだけにすぎません。イギリス好きのオタクです。

大学院での専門もチャイナのことではなくて、戦略管理・組織戦略だったものですから、

特にチャイナに造詣が深いという人間ではないです。翻って、一切の好き嫌いの感情を伴わないで、チャイナや中国共産党をひとつの「組織」と捉えて分析することには科学的に興味があったので、趣味としてそんな分析をやっていました。中国共産党なんて約九千万人組織という人類史上初の契約的組織なものですから、唯一無二の分析対象としての面白さです。また戦略分析というものには自分の感情論を入れることがないので、分析においては反中にも親中にも流されることはないものです。

そんな背景を持った上で、博士号をとりまして一段落したら特にチャイナに住む理由は無かったので、ぬるりと日本に戻って家業の零細工場を継いだり、コンサルティングを依頼される企業さんから顧問のお仕事を頂いて生活していたのですけれども、たまにＳＮＳでマッドサイエンティストのチャイナ分析をボソボソとつぶやいていたら、「面白い」という奇特な方が若干いらっしゃって、「じゃぁまとめてみますか」ということでＹｏｕＴｕｂｅ動画の発信をしたりしてました。その繋がりで本書籍に至る、というよくわからないチャイナ分析というマニアックな趣味の展開になっています。

サイバーと中共と政治と戦略管理のそれぞれに大きな興味を持っているオタクの僕にとって、その交差点になっている「デジタル人民元」構想は非常に興味深いネタでして、何年も追っかけているものでした。それがこの度、書籍化の機会に恵まれたというのは、この分析趣味をマニアックにやってSNSで発信していてよかったな、と思えるものです。

とは言うものの、一冊仕上げるとなるとやっぱり調査に労力がかかります。チャイナ分析は趣味としてやっていて本業ではないため、調査スタッフを雇うなど本格的に事業展開できませんから、僕の現在のお仕事状況では今後の単行本執筆は難しいかもしれません。定期的な雑誌連載、それからコミケのようなイベント限定でチャイナ分析に関する「薄い本」の頒布などはやっていく予定ですが、一般流通する単行本は状況が変わったらまた考えます。

チャイナ政治経済関係の情報や言論については、個人的には、「チャイナは悪の組織だ！」といったような変な感情論にまみれていないものが好みです。もちろん「チャイナは素晴らしい！」なんていう紅いテイストの論調は僕にはあいません。「〇〇学」のような専門に寄りすぎない、ドライなチャイナ関連の発信が世の中から多く出てくることを楽しみに生きていきたいです。

本書を少しでも面白いと思った皆さんへ

最後になりましたが、本書をお買い求めいただきご覧くださった皆様に心からの感謝を申し上げます。内容チェックから本書出版までサポートをいただきました各位に、この場をお借りしまして感謝申し上げます。執筆の機会をいただきとても嬉しかったですし、楽しく書き上げることができました。ありがとうございます。

もうひとつ、本書を面白いと少しでも思っていただけた皆様にお知らせとお願いです。暗号資産・仮想通貨でのカンパ・ご寄付のお願いになります。今後出すかもしれないチャイナ関連の「薄い本」製作や研究・情報調査のために活用させていただきます。贈与税基礎控除枠の範囲を超えた場合に申告が必要なものですから、電子送金の日付と時間、金額単位、氏名、住所、生年月日を cafeblog@kozi.jp まで、寄付時にメールにてお知らせください。メールタイトルは「暗号資産寄付」でお願いします。

※QRコードはウォレットアプリで読み取り

ビットコイン

イーサリアム

中国工程院　https://www.cae.cn/

●検索エンジン・ネット百科事典

百度　https://www.baidu.com/
360捜索　https://m.so.com
搜狗搜索　https://wap.sogou.com
ウィキペディア　https://www.wikipedia.org/

●その他

SWIFT　https://www.swift.com/ja?ak=true
BIS　https://www.bis.org/
CIPS　https://www.cips.com.cn/
AIIB　https://www.aiib.org/
中国一帯一路網　http://www.yidaiyilu.gov.cn/
ASEAN　https://asean.org/
シルクロード基金　http://www.silkroadfund.com.cn/
国家統計局　http://wap.stats.gov.cn/
ブロックチェーンポータル（鏈門戸）　http://www.lianmenhu.com/
粤港澳大湾区ポータル　http://www.cnbayarea.org.cn/
中国互連網絡信息中心　https://www.cnnic.com.cn/
中国人民銀行　http://www.pbc.gov.cn/
Z／Yen（GFCI）https://www.zyen.com/
中国金融四十人論壇 http://new.cf40.org.cn/
BSN China　https://bsnbase.com/
微博ウェイボー（中国版Twitter）　https://weibo.com/
騰訊新聞（テンセントニュース）　https://xw.qq.com/
『中国新聞週刊』（中国新聞社、2018年12月から2020年12月各号）
ジェトロ（日本貿易振興機構）　https://www.jetro.go.jp/

主な参考文献とインターネットURL参照先

●党

中国共産党新聞網　http://cpc.people.com.cn/

共産党員網　http://www.12371.cn/

http://wenda.12371.cn/

中国文明網（党中央宣伝部主管媒体）　http://www.ccdi.gov.cn/

中央紀律検査委員会　http://www.wenming.cu/

党中央統一戦線工作部　http://www.zytzb.gov.cn/

●媒体（メディア）

人民日報　http://paper.people.com.cn/

人民網　http://people.com.cn

新華社通信　http://xinhuanet.com

央視網（CCTV）　https://www.cctv.com/

CGTN　https://www.cgtn.com/

光明日報　http://www.gmw.cn/

中国新聞網　https://www.chinanews.com/

中国網　http://www.china.com.cn/

●国家機関

中華人民共和国中央人民政府　http://www.gov.cn/

全国人民代表大会　http://npc.gov.cn

中国人民政治協商会議全国委員会　http://www.cppcc.gov.cn/

国家発展改革委員会　https://www.ndrc.gov.cn/

中華人民共和国最高人民法院　http://www.court.gov.cn/

中華人民共和国最高人民検察院　https://www.spp.gov.cn/

中国警察網　http://www.cpd.com.cn/

中国人民銀行　http://www.pbc.gov.cn/

●国家級研究機関

中国科学院　http://www.cas.cn/

中国社会科学院　http://cass.cssn.cn/

デジタル人民元
紅いチャイナのマネー覇権構想

著者　中川コージ

2021年9月10日　初版発行

中川コージ（なかがわ・こーじ）
1980年埼玉県生まれ。埼玉県立熊谷高等学校、慶應義塾大学商学部を卒業後、英国留学を経て、北京大学大学院光華管理学院戦略管理系国際経営戦略管理学科博士課程修了。経営学博士。中国人民大学国際事務研究所客員研究員、デジタルハリウッド大学大学院特任教授を歴任し、2017年より『月刊中国ニュース』に携わる。同誌副編集長、編集長を経て、2021年より外部監修。家業経営と同時に複数企業の顧問・戦略コンサル業務に携わるかたわら、日本人初となる北京大学からの経営学博士号を取得した異色の経歴を持つ自称「マッドサイエンティスト」として、テレビ朝日系列『朝まで生テレビ！』で地上波デビュー。ラジオ、ネット番組の出演も多数。現在はYouTube発信にも力を入れている。
著書に『巨大中国を動かす紅い方程式』（徳間書店）。
著者HP　http://kozi.jp

発行者　佐藤俊彦
発行所　株式会社ワニ・プラス
〒150-8482
東京都渋谷区恵比寿4-4-9　えびす大黒ビル7F
電話　03-5449-2171（編集）
発売元　株式会社ワニブックス
〒150-8482
東京都渋谷区恵比寿4-4-9　えびす大黒ビル
電話　03-5449-2711（代表）
装丁　橘田浩志（アティック）
柏原宗績
企画・編集　梶原麻衣子
DTP　株式会社ビュロー平林
印刷・製本所　大日本印刷株式会社

ISBN 978-4-8470-6188-2
ワニブックスHP　https://www.wani.co.jp